若楠《わかくす》学園《がくえん》
楠母《なんぼ》神社《じんじゃ》
李《り》王妃《おうひ》方子《まさこ》

南河内歴史探訪

奥村 和子

目次

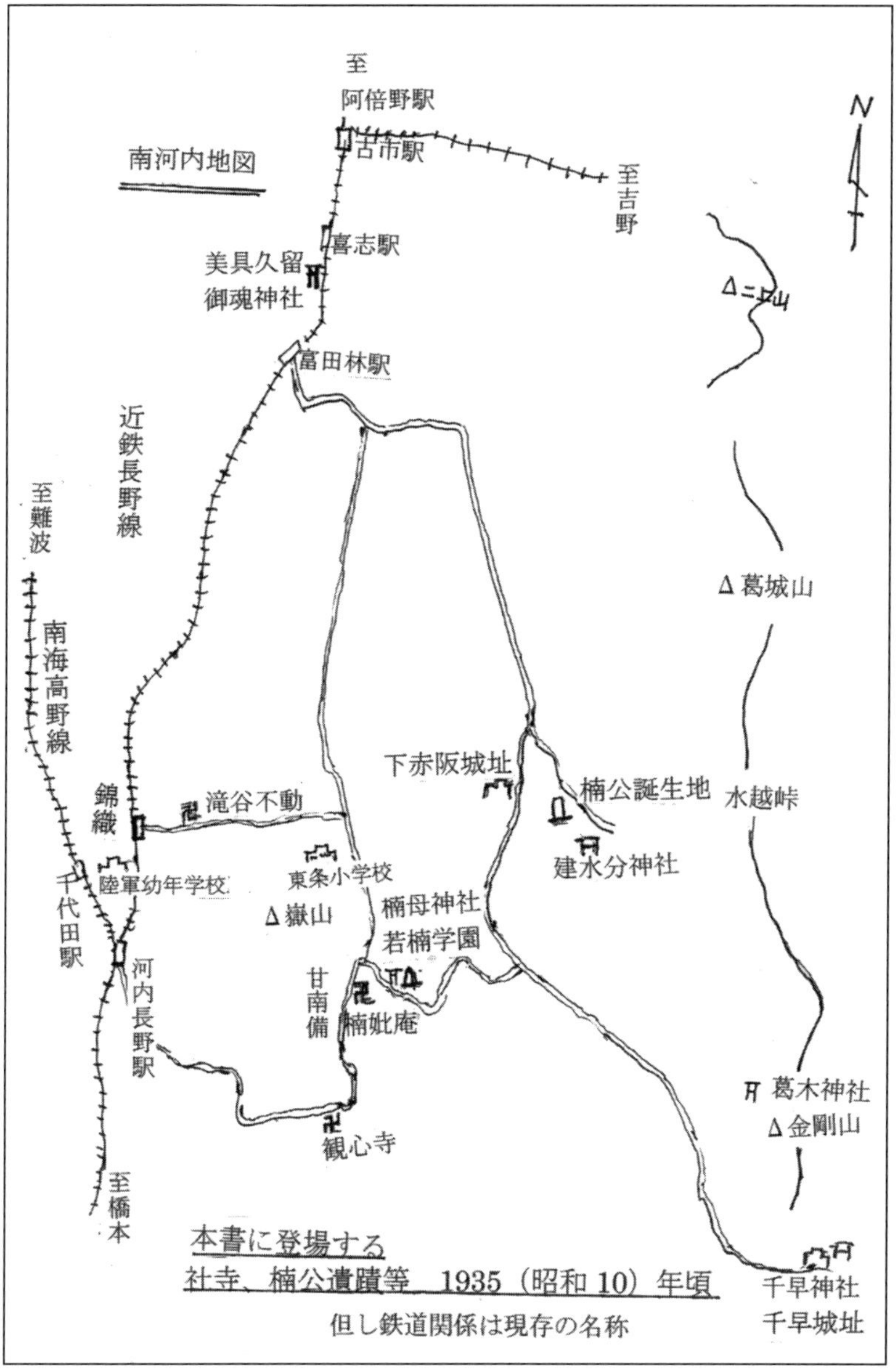
南河内地図
至
阿倍野駅
古市駅
至吉野
喜志駅
美具久留
御魂神社
富田林駅
近鉄長野線
至難波
南海高野線
Δ二上山
Δ葛城山
下赤阪城址
楠公誕生地
水越峠
錦織
滝谷不動
東条小学校
陸軍幼年学校
建水分神社
千代田駅
Δ嶽山
楠母神社
若楠学園
河内長野駅
甘南備
楠妣庵
観心寺
葛木神社
Δ金剛山
至橋本
千早神社
千早城址
本書に登場する
社寺、楠公遺蹟等 1935（昭和 10）年頃
但し鉄道関係は現存の名称

第一部

若楠学園《わかくすがくえん》と園長　三浦朋一《みうらともいち》

若楠学園（富田林市広報）

はじめに　友　三浦昭子《みうらしょうこ》さんのこと

富田林《とんだばやし》市立第二中学校という田舎の中学生だったわたしは、セーラー服の上衣を短く細くしたおしゃれな人三浦昭子さんと友達になった。ショウコという漢字の読み方もなんとなくしゃれていた。昭子さんとの会話に、「神戸のおばさん」がよくでてきた。なるほど神戸の人なんや、河内の人とはちがうんや、と思った。錦織（にしこり）という渡来人の故地を思わせる集落にある彼女の家へ一度だけ行ったことがある。背の高いきれいな人が昭子さんのお母さんだった。

それから何年もたって子育てを終えたわたしたち中学同窓四人組が、小旅行する仲間になった。三浦昭子（現高原昭子）さんは戦争孤児院の園長さんの娘、田坂明子さんは一九四〇（昭和一五）年に竣工なった、河内長野にあった陸軍幼年学校の二代目校長田坂八十八《たさかやそはち》中将の娘、中村千恵子さんは、徴兵されたニューギニア・トル河畔で父を亡くしている。わたしの父は一九四三年、父母と妻と五人の子どもをのこして海軍二等兵として徴兵され、幸運にも帰郷できた。つまりわたしたち四人組はそれぞれ戦争の影を負うていたのであった。

富田林市の南の端、かつての東條村甘南備《とうじょうむらかんなび》、若楠学園の跡地は、富田林市の公園となり、きれいな花が咲きみだれている。学園の入口あたりには、紀元二千六百年の記念樹として植えられた樹齢八十余年とおもわれる桜満開、さえぎるものなく青い空に広がり華やいでいる。富田林市甘南備の人々も代替わりし、若楠学園のことを記憶にとどめている人はほとんどいない。

地元富田林に住むわたしは、知りたいと思った。戦争孤児のこと、若楠学園のこと、学園の敷地にあった楠母神社のことを。埋もれた貴重な記憶を掘り起こし、記録に残したいと思った。

敗戦直後、大阪でも戦争孤児たちが大勢いた。

甘南備の集落　2022 年

養護施設は孤児たちを受け入れたのだが、その記録に若楠学園の名はなかった。富田林市史にも載っていない。当時学園の資金捻出のために売り出された便せん―父から娘に残されたものだが―だけが、若楠学園存立の唯一の資料だった。

わたしは、〝幻の学園〟若楠学園を探索しようと思った。

神戸・御影《みかげ》生まれの三浦朋一《みうらともいち》

三浦朋一の娘さん、昭子さんが語る。

「一九〇五（明治三八）年一一月二九日、兵庫県の御影に誕生。朋一の母は、御影の造り酒屋のひとり娘、養子取りを決められていたため、それがいやで家出し、子供三人いる男性と結婚しました。そして息子の朋一と娘を出産しました。生活は苦しく父朋一は新聞配達をしながら育英高校を卒業しました。

その後、義姉の援助で東京の慶応大学に通っていました。その時のことです。

当時、多分田舎から出稼ぎに来ていたと思われる女性が、結核でしょうか、駅で血を吐き苦しんでいたのを見ました。朋一は見過ごすことができず、気の毒に思い持っていた大事な金で助けてあげました。自分はふらふらと歩いていたところ、加藤鎮之助《ちんのすけ》さんに拾われたそうです。その後、小石川にある加藤家から学資を出してもらい、鎮之助さんの秘書として働いていたようです」

朋一さんのお母さん、昭子さんの祖母にあたる方は、明治の古い家制度を抜け出し恋に奔《はし》った情熱的な女性だった。東京の苦学生であった朋一青年の行動に、既に後の人生を想像できるような人間としての優しさ、義侠心をうかがうことができる。加藤鎮之助は朋一青年の生活の面倒を見、学業を続けさせてくれた大恩人だった。

「母郁子《いくこ》も神戸の人です。鎮之助の弟で井上家の養子に入っていた井上与七《よしち》の養女になっていました。鎮之助と同じ小石川で生活し、杉並の女学校に通っていました」「そんな縁で父と母は出会い、結婚後もふたりは小石川に住んでいました」

妻郁子は一九〇七（明治四〇）年二月二〇日生まれである。

ふたりの結婚は一九二九（昭和四）年、朋一二四歳、郁子二二歳、明治神宮で、神宮の結婚第一号として華々しく挙げられた。井上与七は三浦朋一の義父となったわけである。翌昭和五年に長男、七年に長女、九年に次男、そして昭和一七年四月二〇日に次女昭子が生まれている。

富田林にやってきた三浦一家

三浦朋一一家が東京から大阪府南河内郡富田林町に引っ越してきたのは、一九三六（昭和一一）年のことだった。住居は富田林町錦郡、「鎮之助さんのあとを追って」と昭子さんは語る。東京という大都市から、大阪の南部の端っこの田舎にやってきた一家は、山と田んぼしかない古い田舎にとまどったことだろう。朋一は、錦郡村から東の方滝谷不動明王寺の坂を越えて、五キロメートル程の道を東條村甘南備にある楠妣庵《なんぴあん》へ通うことになる。この頃の井上与七の膝に抱かれた朋一・郁子夫妻の長男・次男の写真がある。

三浦朋一と井上郁子の結婚（高原昭子氏所蔵）

おそらく、加藤・井上家と家族同様の立場となった朋一は、加藤の仕事を任されることになったのだろう。朋一一家を呼んだ一年後、昭和一二年に、鎮之助は六八歳で亡くなっている。

加藤鎮之助と楠妣庵

ここで朋一の恩人加藤鎮之助について、略歴を紹介しておこう。

一八六九（明治二）年生、一九三七（昭和一二）年没。飛騨《ひだ》金山《かなやま》（岐阜県下呂市）の生まれ。号は桂仙《けいせん》、害虫駆除「除虫液」の開発で財をなして東京小石川に居住していた。南朝や楠正成《くすのきまさしげ》の歴史に心酔し、その顕彰に尽力していた。

加藤鎮之助は、一九一四（大正三）年頃に荒廃していた甘南備の楠公夫人の墳墓の地を訪れ、楠妣庵再建を決意した。この一年前、この地を訪れ、五輪塔を夫人の墓と認めた、農商務省の元官僚であった織田完之《おだかんし》とともに、私財を投入し、一九一七（大正六）年には、楠公夫人の墳墓を整え、庵室・観音堂を竣工に至らせた。さらに楠公菩提寺《ぼだいじ》としての観音寺を創設し、書院、恩光閣などをも建立した。今楠妣庵の境内には、功労者鎮之助の胸像が建てられている。

楠妣庵観音寺の本堂と山門

加藤鎮之助の胸像

楠公夫人の墓所

楠正成・夫人久子の顕彰

一九三七（昭和一二）年、盧溝橋《ろこうきょう》で日中両軍の衝突が起こり、戦況は中国東北部から中部へと広がり日中全面戦争となった。

『太平記』には、楠正成のゲリラ的、ユニークな戦いぶりが生き生きとえがかれている。江戸時代には、講談で語られ、歌舞伎・浄瑠璃で演じられ、正成は民衆にとっての親しみやすいヒーローであった。

昭和一〇年頃から、後醍醐天皇への忠臣ぶりが強調され、楠正成は大楠公として讃《たた》えられるようになった。楠公ゆかりの遺跡として、皇族、軍人らは率先して楠妣庵に参詣し、それに習って、学生や児童会、青年会、婦人会など参拝する人であふれた。

昭和一〇年頃から、正成の妻であった楠公夫人を顕彰することも始められた。楠公夫人は六人の男児を産み、天皇のために戦い命をささげる勇士を育てた。「産めよ、増やせよ」のかけ声高き時代、楠公夫人こそ、お手本とするにぴったりの女性であった。

楠公夫人を顕彰し、その徳をより権威あるものにするために、一九三七（昭和一二）年には、楠母会《なんぼかい》が結成され、楠公夫人生誕の地と伝承される甘南備矢佐利《やさり》に、一九三九（昭和一四）年には、楠母神社《なんぼじんじゃ》が建立された。久子夫人は神様として祀《まつ》られることになった。

戦後の教育で育てられたわたしであるが、富田林市立彼方《おちかた》小学校の林間学校は、千早城脇の戦前の大楠公精神の修養道場であった存《そん》道館《どうかん》に宿泊、あくる日は金剛登山といった思い出がある。戦前と同じ教育訓練のスケジュールである。旧制富田林中学校を継いだ富田林高校に入学すると、校舎は金剛山を仰ぎみるように、東西一棟の校舎はすこし南北にかしいでいた。男子のマラソンコースは、楠公を祀った南木《なぎ》神社のある建水分《たけすいぶん》神社を往復することになってい
た。校章は楠公の家紋とされた菊水、いりびたった図書館は日露戦勝記念の菊水文庫、菊水漬けの高校時代だった。そういえば敗戦直前の帰らない若人の第一回神風攻撃隊に参加したのは、「菊水隊」という名称だった。

楠母神社に参詣する女性と三浦夫妻（高原昭子氏所蔵）

加藤鎮之助の遺志を継ぎ　楠公顕彰のための事業に生きる三浦朋一

楠妣庵には、参拝だけでなく、講習会や修養道場としての施設が完備され、ますます参詣者が増えた。角田貫次述の『楠公夫人』によると昭和一〇年の「参拝者が五十万の大数に上れる」と誇らしく書かれている。

おそらく三浦朋一は、加藤鎮之助や井上与七に強く請《こ》われて東京から南河内へやってきたのだろう。

一切の実務をまかされていた朋一はさぞかし、多忙をきわめただろう。皇族・軍人たちの接待、楠公夫人五百七十年祭・大楠公祭・紀元二千六百年祭などの記念祭の企画運営等、鎮之助の恩に報いるためにも精いっぱい働いた。井上与七の住む若楠寮の事務所に朋一は寝泊りするようになった。妻郁子は子どもの通学の便もあり錦織の自宅にいて、夫と別居するような状態だった。行事の記念写真にはお偉方とともに、後方に控え目にたたずむ三〇代の朋一の姿がある。ネクタイと背広（燕尾服かもしれない）で畏《かしこ》まり緊張気味の様子である。固い表情である。

ところで、慶応大学で学んだインテリであった彼は、昭和一〇年代の軍国主義の風潮を、信じていたのだろうか。いっさいの異論も自由な考えも認めず、異端者を牢に放り込んだ軍部独裁の強権の時代であった。むろん戦地での様子は大本営の発表しかなく、世界の動きや日本軍の戦況の事実は知らされることがなかった。それゆえ当時の人々は正確な情報や知識による冷静な判断はできなかったと思われる。

わたしの義兄は、戦後、文化や組合活動に熱心だったが、疑うことなき軍国少年だったという。

わたしの詩友は、戦後、平和運動の活動をしたが、優秀な軍国少女だったと自ら言う。敗戦後の民主主義教育で育ったわたしは、十年先に生存した人の苦悩を語ることができない。

若楠寮《わかくすりょう》の建設

一九三七（昭和一二）年、楠妣庵の東方、佐備《さび》川の流れる谷を隔てた里山に、山を切り開き若楠寮が建てられた。楠妣庵での修養施設が手狭になってきたためであった。木造二階建、延べ百坪もある大きな宿泊施設であった。

大阪府下の高等女学校の生徒らがここに集められ楠公夫人の徳を学び修養するための宿泊施設で、薙刀《なぎなた》の訓練や茶道や華道のいわゆる花嫁修業もあった。のちに寮の裏山に楠母神社が建造された。

金色の鍬形《くわがた》、深紅のかぶとの綴りや緒が細かく刺繍された「かぶと」掛軸が、色鮮やかなまま高原昭子さんの手元に残されている。「かぶと」の上部に「忠孝」と墨書きしたのは朋一だという。送り主は薙刀の練習にきていた堺愛泉高等女学校の生徒である。桐の箱には紀元二千六百年孟冬、とある。

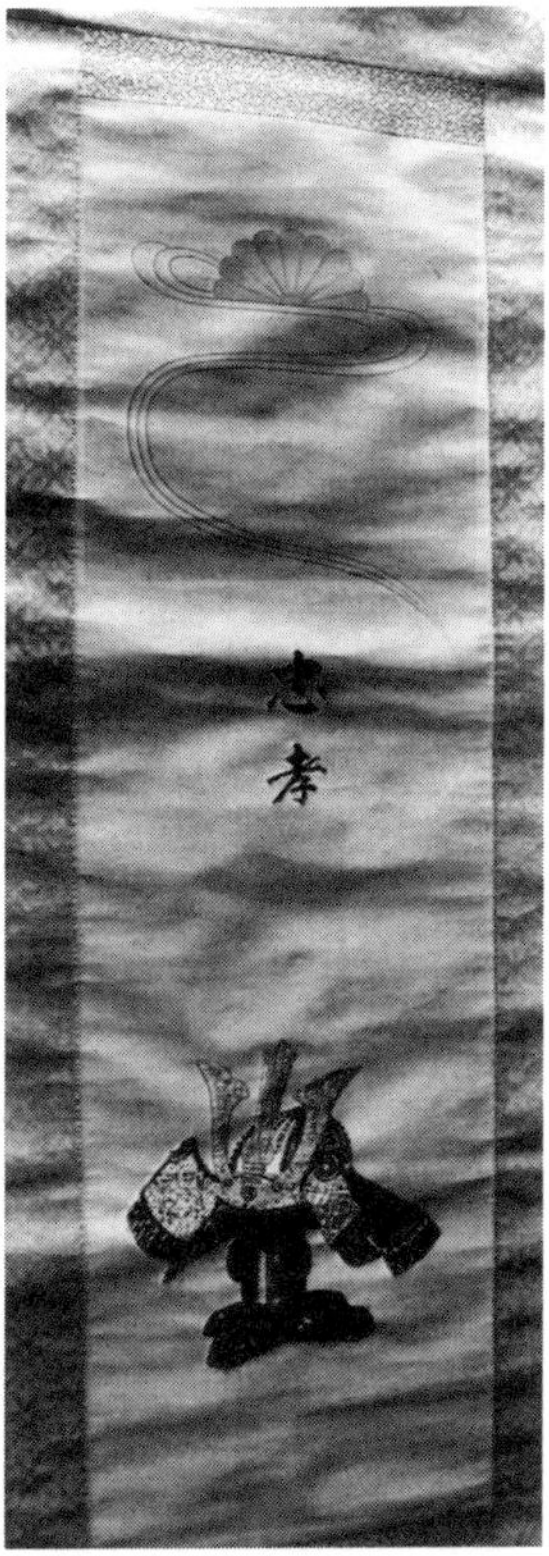

高女から贈られた「かぶと」の掛軸（坂口隆彦氏撮影、高原昭子氏提供）

若楠寮は一九四二（昭

和一七）年には、戦争で父を失った遺児たちの宿泊訓練所となった。大阪市では、錬成遺児部隊「勲小桜隊」を結成して、男子にとどまらず、女子の遺児たちも、一〇月には楠妣庵で宿泊激励会をしている。一一月には、国民学校六年生以上の「遺児練成会」が若楠寮で史蹟講話を聞き、翌日は神社参拝、清掃などの錬成を行った。（木村和世「富田林における楠公教育をめぐって」による）

当時、国家事業として、戦死した日本兵の遺児たちは「誉《ほまれ》れの子」と呼ばれ、お父さんのあとに続いて銃を取れ、女の子には看護婦になれ、国のために尽くせ、それが父の遺言だと教育された。そして靖国神社で亡き父の「神霊」と対面する「社頭の対面」に動員された。（斉藤利彦著『「誉れの子」と戦争…』）

遺児たちへの教育には、夫正成の死後、子正行にも父の後を継いで、忠義のために死ねと諭した楠公夫人の教えが、だぶってくる。

敗戦後も靖国参拝は続いていた。一九五四（昭和二九）年の富田林広報46号に、大阪府では遺児たち代表が「靖国神社へ参拝、神との対面を終え…」という記事があった。「神」とは戦死した父のことである。富田林の遺児代表は、わたしの知人だった。

戦況の厳しくなった一九四四（昭和一九）年には大阪第一師範学校付属国民学校の児童初等科三年から六年まで一〇七人が若楠寮を分教場として集団疎開をした。（木村和世の研究論文による）

若楠寮の管理運営をしていた朋一は、遺児たちと接しながら、父を失った子どもたちの悲しみに寄り添ったのではないか、その頃四人の子の父親であった朋一に、父を亡くした遺児たちに、ふたたび戦場へ向かわせようとすることへの疑念も、ふと風のようにこころをかすめたのではないか。優しいこころの持主であったから、誠実に戦争遂行に加担している自己へのかすかな嫌悪も生まれたのではないか、とそんな気がする。

敗戦後、すぐに孤児院の園長を引き受ける道のりであったのかもしれない。

敗戦・壊された楠母神社

一九四五（昭和二〇）年八月一五日　甘南備の山中にも敗戦の知らせが届いた。

戦争は終わった。楠母神社を戦争必勝祈願に来る人々は絶え、とても静かな空間がもどった。蝉しぐれだけが異常なほど山に響いていた。

三浦朋一は、敗戦の報にぼう然とした。全身、虚脱していくようだった。師の加藤鎮之助は八年前に亡くなっている。鎮之助の弟井上与七は病床に臥しこの年三月に死亡している。楠妣庵は鎮之助の養子加藤宗仙が継いでいたが、徴兵され中国からまだ帰還していない。楠妣庵や、若楠寮・楠母神社の実務はすべて朋一にまかされていた。

占領軍のＧＨＱ（連合国軍総司令部）は、戦争の士気高揚に寄与した国家神道・神社神道の解散を命じた。楠母会会長阿部信行には、戦犯容疑で九月一一日に逮捕命令が下されている。

楠母神社にかかわった人たちは、時代の動きに機敏に反応した。

一九四五年一一月三日、楠母会は解散した。

この後、一年後の若楠学園開設までには、楠母神社は壊されたと思われる。

この間の事情については、第二部で詳しく述べる。

こうしてまだ木の香りも生々しい拝殿や本殿は破壊された。徹底的に壊された。建物のかけらも残さずに。狛犬、灯籠　楠公夫人の像はあちこちにほうりだされていた。敗戦直前、七月一〇日の夜中、北西の空は真っ赤に燃えていた。南河内の山地から堺の空襲で燃える街がありありと見えた。楠母神社の下の甘南備の村には爆弾は落とされることもなく田畑は耕され続けた。小作地は解放され、農民たちにとって平和な時代がやってきた。

若楠学園の開設

昭子さんの話を引用する。「今まで楠妣庵や楠公夫人生誕地などで、父は大阪府庁の人たちと知り合いがあり、孤児院をしてほしいとの依頼があった。教育大付属小学校から先生にと請われたがお断りし、それなりに大きな建物もあり受けることにした」「大きな建物」とは戦前からの若楠寮のことだろう。二階にはふすまで仕切りされた五部屋があり、一階には広い食堂と炊事場があった。

こうして戦前は戦争協力のための訓練施設であった若楠寮は、戦災のために浮浪児となった子どもたちを養育する施設に転用された。

大阪には空襲で父母をなくした戦災孤児がたくさんいた。厚生省による一九四八年二月一日全国孤児一斉調査によると一二万三五一一人。研究家の調査では大阪の戦争孤児は四四三一人という。

「大阪駅付近の戦災孤児は、火ばしのように細い足でよろよろと歩きながら、引き揚げ軍人の残パンをねだっている。そしてその付近には、毎朝のように三人、五人、一〇人の餓死体《がしたい》が横たわっている」敗戦から二カ月後の大阪駅前の光景である。

戦争孤児の保護にあたっていた五十嵐兼次は市長に訴えた。「なんの罪もない子どもは、あっという間に家を、肉親を失ってしまったんです。自分が生きるためには、悪いことをするしかないんです。できない子どもたちは死んでいくんです」（赤塚康雄「大阪の戦争孤児」）

三浦朋一が開園にふみきったのは、一九四六（昭和二一）年一〇月のことだ。近隣の施設でも、戦争孤児をうけいれている。おそらく四十人程度と推定するが、記録が残っていないので正確な人数はわからない。

昭和二四年一〇月、財団法人認可のとき収容定員五〇名とある。（高鷲学園所蔵資料）
昭和二七年五月、社会福祉法人認可の時点では定員六〇名とあり（山本千種の自伝）、時代の要請もあり、次第に増えていった様子である。
学園創設にあたり、地域の有力者たちを役員として迎えた。
昭和八年から一五年まで東條村村長であった道簱治衛《みちばたじえい》は戦後も学園の理事として協力している。園長を「三浦君」と親し気に呼んでいたという。ご子息の衛《まもる》氏の記憶に「学園の急坂をリアカーか二輪車を押して荷物を運んだ」とある。学園は山頂近くにあった。甘南備村のはずれから学園の若楠寮までは、五十メートルほどもある急坂である。わたしの軽自動車もギアチェンジしながら登ったものだ。子どもたちの東条小学校への登下校も、さぞかししんどかっただろう、と想像する。道簱治衛については第二部で解説する。

若楠学園運営に奮闘する朋一園長ら

「今の福祉の仕事と違いずいぶんたいへんだったようです。」とは昭子さんの弁である。

評議員として名を連ねている妻の郁子も、千早村の有力者の家に相談にいったこともあるという。経営は当初からむずかしかった。

「公のお金がおりるように…」と、学園は、公的な施設として認可を受けるようになった。

「今のような豊富な物のある時代ではなかったので、乳児から中学生までの子どもたちの生活は大変でした。村の人にはずいぶん迷惑をかけた事も多く、父は何度も手土産をもって謝りにゆきました…」みかん農家が多く、ひもじさに堪えかねた子どもが近くの畑で果実や芋を失敬することもあったのだろう。

学園の子どもたちは中学校を卒業すると、学園を出て住み込みで働いた。園長は子どもたちの就職口まで世話しに歩いたという。退園の時には、僅かばかりの日用品を購入して、彼等の引っ越し荷物に等しい風呂敷包みの中にそっと加え、雇用主の宅へ送り届けたという。

子どもたちには、やさしいが、威厳のある園長として一目おかれていたという。園長さんの奮闘ぶりが想像できよう。

学園の卒業生から一九四七（昭和二二）年一〇月に撮影された集合写真を見せていた

だいた。開園一年後の記念写真と思われる。

一列真ん中は園長三浦朋一、四一歳、戦前の写真の面影とはずいぶん違う、子供たちにかこまれて幸せそうな充ちたりたお顔だ。

園長にだっこされているのは、写真の提供者山崎幸子《やまざきさちこ》さん。

写真の左端に立っている和服の女性は山本千種《やまもとちぐさ》、子どもたちに「おかあさん」と呼ばれていた保母さんで、学園運営の実務を担当していた。いつからか園長と同居するようになった。和歌山古座出身の女性で京都山科の一燈園からやってきたという。（一燈園は一九〇四年西田天香によって創始。自然に適った生活、無所有、無私の信条のもとに托鉢生活を行じる。）一九一〇（明治四三）年の生まれ。晩年に「私のあしあと」という手記を書き、この文でも度々引用させてもらっている。

子どもたちを見てみよう。いたいけな三、四歳の子はぴったりと園長先生にくっついている。モンペやスカートの七、八歳のオカッパ頭の愛らしい少女、ちょっと生意気なお兄ちゃんや大柄な一五、六歳のお姉ちゃん、ララ物資（古着や食料品などアメリカからの救援の品）の服を身に着けた総勢三十九名の子どもたち、園長とおかあさん、若い三名の

若楠学園の子どもたち　1947 年 10 月（山崎幸子氏所蔵）

保母さんと一人の保父さんらしき人。大阪市の駅頭でさまようていて保護された子どもたち、父母を戦場や空襲などで奪われた子どもたち、幼くして悲惨な人生をしょってきたのだ。でもモノクロの写真から、どこか朴とした昭和の子のたくましさが伝わってくる。

学園の苦難の時代

敗戦後の数年間は極度の食糧難の時代、どの施設でも満足に食べさせられない。子どもたちは飢えていた、栄養失調のため三歳で死んだ子もいたという。山本千種の手記「私のあしあと」から引用させていただく。

当時は誰しも満腹感を味わうことの出来ない時代でしたが、特に一五、六の男子には、嫁菜《よめな》や芋蔓《いもづる》を混入した盛りきりの丼御飯とかメリケン粉やナンバ粉で作ったおつゆの多いだんご汁では空腹の満たされないことは理解できても施す術のないのが実情でした。…毎日続く空腹が堪えられなかったのであろうか、十人位がスクラムを組み事務所の前で腹減った、飯食わせと大声で喚いては手を叩き揶揄《やゆ》的な態度をとられたときには身の縮む思いがしたが、限られた委託費では如何ともなす術が無く主人と相談の上当時の東条と千早の二村の皆様のお情けに縋って野菜やその他の食料品の寄贈をお願いした。

千種は、大阪市内の乳児院にあずけられている二歳児を引き取りにゆく。二歳の誕生日を迎えると、養護施設に委託されるからであった。

当日例のごとく少量の菓子と背負い帯を持参して大阪市の乳児院を訪れた。院の職員から健康状態や現在の食事の他、九月二日のことなど具さに聞かせて頂いてから乳児室へ案内して頂き、当人と対面し、僕のお名前は、と聞くと〈坊や〉と答え、お歳はとの問いに、小さい指を二本出してニッコリ笑ったあどけない顔を見て、思わず頬ずりし、持参の菓子を持たせ、おんぶして帰園の途に着いた。一時間余りの電車の中でお菓子を食べようともせず、初対面の人の膝でスヤスヤと眠る顔を見つめながら、この不運児を守ってあげるのが私達学園の職員以外にないのだと思い、再び子供を背に学園への帰り道を急いだ。

手記では、子供がランドセルを背負う姿によろこぶ職員の気持ちが語られ、卒業後、就職や結婚の時、戸籍欄に両親不詳ということで、差別侮蔑され、苦労の多かったことに、心いためる話などが語られている。

たくましく育つ学園の子どもたち

若楠学園では、子どもたちが、学園の生活に必要な役割に参加している。山の中にあるから、子どもたちの手が必要だった。草刈り、落ち葉拾い、風呂焚き、野菜作りなど。大きい子は佐備川から桶を担いで若楠寮まで風呂の水を運んだ。学園の見取り図に急斜面の小道を示してくれた卒業生。小さい女の子も学校帰りには園の入口に積んであった焚き木を数本かかえて寮まで運ぶのが日課であった。子どもたちは貴重な働き手であった。

風呂を焚く子（高鷲学園所蔵）

子どもにとって、それは苦痛であっただろうが、便利でなにもかもお金で得ることのできる現代の子どもには、得が

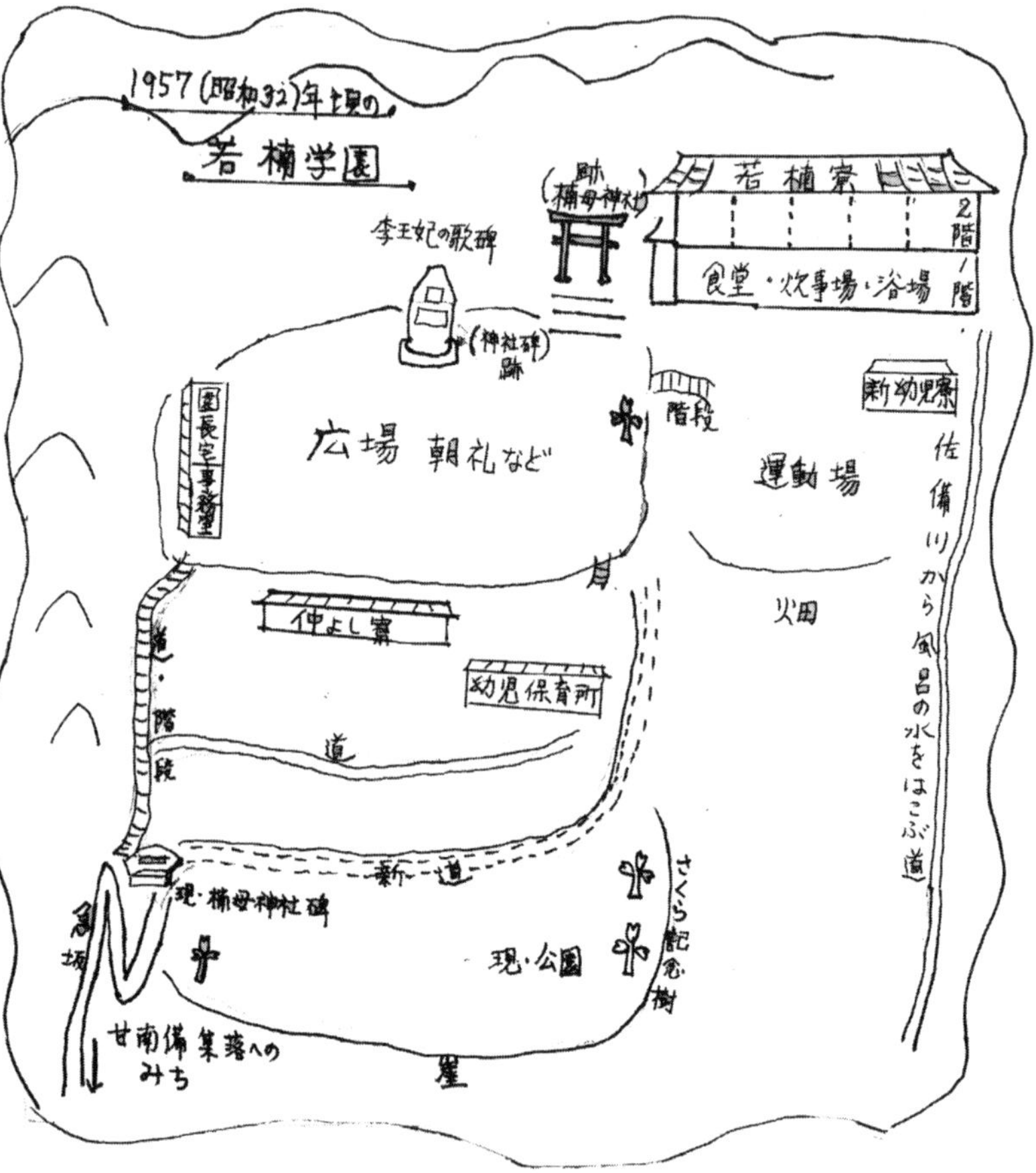

1957（昭和32）年頃の若楠学園の見取り図

たい生活環境であったとわたしは思う。これらの子どもらと同世代のわたし。学園のふもとを流れている佐備川の下流五キロメートルほど離れた村の子であったわたしもまた、家事や農作業を担っていた。

園長や保母さんたちは子どもたちと一緒に寝泊まりしていたという。

この文を書くにあたって、養護施設に働く方の献身的な、犠牲的といえるようなお姿を知り、心うたれた。集落から隔離されたような山の中の若楠学園では、通勤の便も悪く、住み込みの過酷な労働で、長続きしなかったとも聞く。高鷲学園の記録によると、一九七〇年頃から、職員の努力と行政の対応で、給与改善、通勤可能や労務条件が整えられ、職員は定着してきたという。

自然いっぱいの「山の子」の暮し

少し時代が下るが、若楠学園ですごした子どもたちの生活記録を、後に合併した高鷲学園の記念誌から抜粋してみたい。

わたしがお世話になったのは後にここに合併となった富田林の若楠学園でした。今からもう二〇数年前の小学校四年生、一〇歳の十二月だったと思います。

初めての団体生活は一人っ子の上に登校拒否児だったわたしにかなり不安でしたが、今では考えられないぐらいに自然が豊富で、金剛山のふもとにも近いということもあり、独特の景色は四季感もはっきりわかるもので、子ども心に落ち着くところがあって、また、いろいろの行事もそんな不安を忘れさせるものでした。

夏のキャンプもテントを設営しての自炊、海辺がほとんどだったので水も塩も辛く、今思うとそう美味しくもないと思いますが、その時はすごく美味しかったと記憶しています。また、同じく夏のことですが、早朝マラソンや、今ではゴミだらけになった川での遊泳や魚とりなど、今日のブームになってるアウトドアをまんま経験しましたし、秋には裏山への散策で山栗やアケビ取りなどほんとよく野山を歩きました。

また春には、毎日通っている学校までの約四㎞ほどの道ばたにあるレンゲ畠の蜜の味を知ったりもしました。もちろん冬は雪に降られて手がかじかむ思いもしました。

ほんと、今となってはそこの生活すべてが良い思い出となっています。

一九六九年から六年間、若楠学園に在籍したSさんの思い出の記録である。学園の子どもを園長は「山の子」と称していた。自然児の「山の子」をみつめる朋一園長の満足げな笑顔、真っ黒に日焼けした子どもらの姿が目にうかぶ。

また一九七〇年、五年生から、五年間若楠学園ですごしたYさんは入所のころを語る。

それまでとはまったく違う環境に驚き、一緒に入ったもう一人の友だちと「逃げ帰ろうか?」と相談したりもしましたが、一歩間違えば山の中。迷い込んでしまうと困る、と思い止まりました。

若楠学園の概要

わたしが昭子さんからもらった便せん、一九五七（昭和三二）年に、園の資金捻出のために販売されたものだが、若楠学園の唯一の資料だ。表紙の裏に社会福祉法人・若楠学園概要がプリントされている。この資料をもとに、学園の様子を再現してみよう。☆印は著者による解説

社会福祉法人　若楠学園概要

（大阪府富田林市大字甘南備1825）

沿革　敗戦により巷にさまよう孤児浮浪児を収容するために

○昭21・10　開園　○昭22・2　生活保護法による収容施設として認可

○昭23・3　児童福祉法による福祉施設（養護施設）として認定

○昭24・10　財団法人若楠学園認可

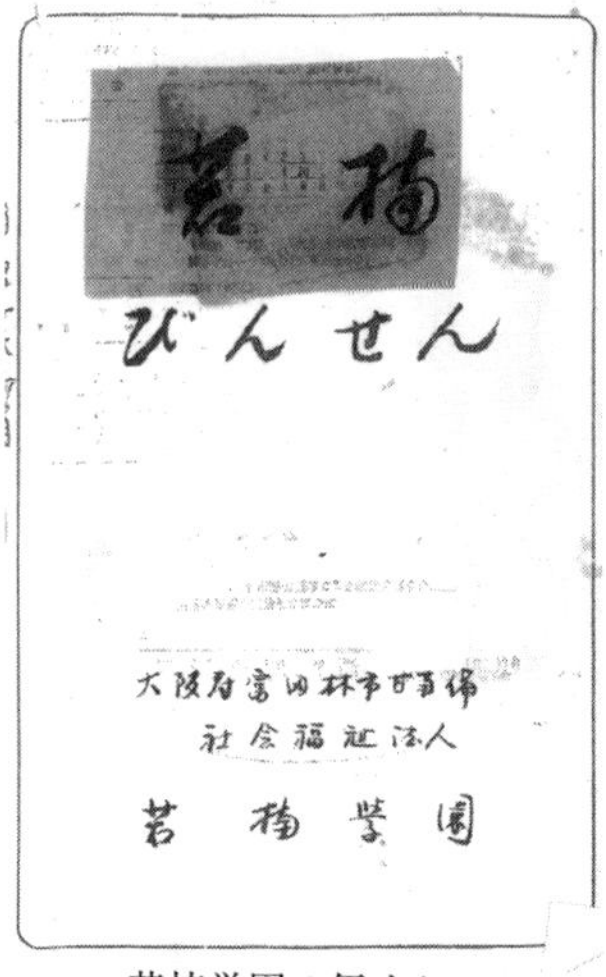

若楠学園の便せん
（高原昭子氏所蔵）

若楠学園と子どもたち
（高鷲学園所蔵）

○昭27・5　社会福祉法人への組織変更認可

土地　宅地七〇六余坪　田地五段余歩

☆ずいぶん広いが、すべて山を開いた土地で、段差がある。先生と子どもたちは芋や野菜を収穫した。

建物　○若楠寮　昭和一二年建立の木造二階建ての本館、延百坪

（二階は女子児童居室、男子低学年居室、児童ルーム

一階には食堂、炊事場、浴場、洗面場、その他）

☆開園当時はこれだけだったが、のち次の三棟が建設

○若葉寮　木造平屋建　二五坪　（幼児保育所）

☆甘南備村に住んでいたわたしの友人、矢納（旧姓岡橋）嘉子さんはこの幼稚園に通っていた。昭和二三年頃のこと、クリスマス会に村の子も参加して楽しかった、村人は若楠学園とは言わず誕生地と言っていた、という。園は、村人に親しまれ開かれた場であった。千種の回想に語られている。「村に保育所のないのを幸いに保育所の併設認可を受けたが、バ

スの便のなき時代だったので、該当児はあっても結局学園周辺の二十名近い子どもにしぼられた。母の会の方々に月謝を野菜で、とお願いして協力を求めたところ、喜んで応じてくれたのが何よりの幸いでした」

○仲よし寮　木造平屋建　三六坪（男子高学年居室）

篤志家の醵出に依り完成

☆学園は財政的にも多くの人に支えられていたのだ。

○新幼児寮　木造平屋建　三〇坪　便所、廊下一〇坪（幼児と女学童居室）

☆その他、事務所と園長宿舎があった。

収容定員　八〇名（但創設当時からの収容児童数二九五名）　学童五一名（男三〇　女二一名）　幼児三二名（男一八　女一三）　昭和32・4・1現在

☆この頃、学園は学童と幼児で構成されていた。六、七、八歳児が多い。学童は、坂を下り北方約四キロほど離れた東条小学校・中学校に通学。東条小学校の『学校沿革誌』によると、毎年五月に定例の学校行事として、若楠学園との懇談会が、富田林の児童相談所と連携して行われていた。

学園運営方法

▲資金の部　○委託費（厚生省80％　大阪府又は大阪市20％負担）
事務費　児童一人月額一九九二円以内
事業費一人一日八六円一三銭
（賄費六六円六八銭、その他一九円四五銭）
○共同募金配分金　昭和三二年度五七万円（経常費三七万円　臨時費配分金二十万円）

▲職員の部　園長一　書記一　指導員一　保母八　その他四　嘱託医一　計　一六名

☆賄費六六円六八銭で、子どもたちの胃袋を満たせたのか、千種の文によると十分でなかったようだ。

クリスマス会（高鷲学園所蔵）

☆園長を始め、ほとんど住み込みの人だった。昼夜を分かたずの労働と、低賃金ゆえ、一般的に、養護施設の労働者は永続しなかったといわれる。子どもたちを育てる仕事に生きがいを感じ献身的に勤める人も少なかったという。

甘南備村の人も、調理や山仕事に就いていた。

▲役員の部　理事九　監事二　評議員若干名　顧問四名

☆開園当初から、東条村や千早赤坂村の村長、富田林町の町長、議員や有力者が役員として学園の後ろだてとなっていた。三浦園長は、地域の人の協力をもとめ、学園が地域の存在として発展することを願っていたと思われる。

以上が一九五七年の学園の概要である。開園して十一年目、若楠学園は順調に活動していた。この資料を見るかぎり、子どもたち八十余人、職員十六名の大所帯、四棟の建物、美しい自然の中で、園長たちは、福祉事業の理想に燃えていた。

むろん子どもたちを育てる日常の苦労や、経営のやりくりは絶えなかったであろうが。

若楠学園嘱託医　尾山和江《おやまかずえ》さんのこと

若楠学園時代の三浦朋一さんのことを知りたかったら、尾山《おやま》という女医さんを訪ねてください、と昭子さんに言われた。

尾山和江医師は、朋一園長の「無医村のこの地にぜひきてください、」というこの切実な願いをうけて、一九五二（昭和二七）年五月一〇日から学園の嘱託医となった。

さてどこにいらっしゃるかしら、とわたしはあてもなく困った。そして甘南備の隣村龍泉《りゅうせん》に住むわたしの友人田中弘子さんの協力で尾山医師に会うことができた。二〇二一年一一月、薬局を営まれている次女伊東由美さんのお店・ユーミン薬局でお話をうかがった。長女の医師窪田由紀さんと、二人の娘さんにお世話され、デイケアに通いつつ、幸福な老後をすごされていた。お歳九三歳。

わたしが「みうらともかずさん、ごぞんじですか」と恐る恐る聞いたら「ああ、ともいちさんね」と返された。お耳も補聴器なし、目もしっかりとわたしを見据えられる。新聞も読まれるとか。小柄な色白の老婦人。お肌がおきれいなので、思わずお手入れを聞いてしまった。「化粧はしていません」。お若いころはさぞやお美しい方だっただろう、と想像してみるわたし。少しはお忘れのこともあったがはきはきと、おだやかに微笑みを絶えさずにお答えくださった。

尾山和江医師・31歳＝右側（尾山和江氏所蔵）1959年撮影

略歴のこともお聞きする。鹿児島県生まれ、上海で高等女学校を過ごし、医学を志し一九四三年に大阪女子高等医学専門学校に入学。敗戦後は仕送りも途絶え、アルバイトしながら苦学する。〝学生同盟〟の活動で生駒学園や若楠学園などあちこちで奉仕活動をしていた。

府の児童課の紹介で昭和二三年から二五年まで生駒学園の医務教母として働く。

生駒学園は、一九二三（大正一二）年に浄土真宗本願寺派の辻本謙亮僧侶によって少年保護事業として設立されていた。敗戦後は、いちはやく百余名もの戦災孤児をうけいれている。

山之内（旧姓）和江さんは、戦災孤児の世話や乏しい食料で給食の献立や本来の健康管理の仕事に献身された。

昭和二七年から、朋一園長の懇願で嘱託医として来園することになった。若楠学園内に診療所を設置し、その後近くの龍泉に医院を構えられ、そのまま六十年間この地域の医者として過ごされた。学園の仕事以外に四十二年間東条小学校や富田林第三中学校の学校医としても勤務され、地域の開業医としてこの地に根付き活動された。

お金の払えない人からは米や野菜の診察料で、また農薬でくるしむ犬を救ったこともあった、とか。村人の信頼は厚い。二〇一五年三月の閉院のときは村の代表が村の農産物をもっておしよせた。


尾山医師に若楠学園でのことを聞いてみた。「来たころは食料事情悪く、栄養失調の子もいてね」。朋一園長さんはどんな方でしたか、「真面目で、おとなしい方でしたよ。奥さんはおしゃべりでしたけど。」（著者注、朋一園長と同居していた山本千種のこと）

尾山医師は目を輝かせて語られる。「開業するなら無医村などで困っている人を助けたいと学生の頃から思っていた。縁となった若楠学園は自分の思いにぴったりのところだった。地域ぐるみで助け合う、自然いっぱいの龍泉で仕事ができてよかった」と。

朋一園長は子どもたちに慕われていたという。敗戦後の不幸な子どもたちのための事業に生きがいを見いだしていたのではないか。尾山和江医師と三浦朋一園長は、河内の美しい自然空間で共通の理想の炎を燃やしていたのではないか、という気がする。

一九六七(昭和四二)年ころ園を退職して後、朋一は、養女と妻千種の家族三人で道簱治衛の援助で中佐備にささやかな住居を構える。肝臓を患っていた朋一の治療にあたったのも尾山医師であった。龍泉の尾山医院と朋一宅はすぐ近くである。生涯の交友があったようだ。

(尾山和江氏所蔵)

山崎幸子《さちこ》さんのこと

道籏衛氏の紹介で若楠学園で過ごされたという山崎幸子さんに会うことができたのは二〇二〇年六月だ。道籏衛氏の父君道籏治衛は昭和一〇年代に、東条村村長として楠母神社の設立にかかわった方だ。中佐備の道籏家の近く、嶽山《だけやま》のふもとの小高い場所にある。朋一の死後千種の入所とともに、家は一燈園に一旦寄付されたが、後、山崎家が一燈園から、買い取ったのだという。

玄関脇には学園から移植した金木犀がある。府道201号線脇の鉄工所の家から引っ越してきて「景色が良いので気に入っている」と開口一番のお言葉だった。東の里山の向こうに金剛葛城の青い濃紺あざやかな初夏の山並が目に入り込む。六月のたっぷりの水をたたえた田に早苗が初々しい。

山崎幸子さん、七八歳。老人クラブの機関誌にエッセイ連載中、本をよむのが大好きという。きりっとした明快な話しぶり。記憶も確かだ。聡明な方だと思った。

きちんと整理されたアルバムから、一枚の集合写真をいただいた。一九四七（昭和二二）年一〇月撮影。若楠学園は一九四六（昭和二一）年一〇月に開園しているから、写真は一周年記念写真だと思われる。前述の写真で、中央の園長に抱っこされている女の子は五歳の幸子さんである。大阪の空襲に遭い、父親の入院のため若楠学園に預けられることになった。

山崎さんの空襲の体験が、一九九四年九月一二日付の毎日新聞の「傷跡　大阪の空襲」に掲載されている。幸子さんの文を紹介しよう。

四天王寺の近くに住んでいた私は当時、まだ三歳。母は私が生まれてすぐに亡くなり、六月だったと思われる空襲の日は乳母に添い寝をしてもらっていた時でした。突然のサイレンで乳母が私を背中にくくりつけて土間にうずくまっていると、ゴーというすごい音とともに火の雨が降りました。焼い弾でした。町を焼き尽くす真っ赤な炎、乳母の背で見つめていたその時の事は今も私の全身の中で止まったままです。

その後、人であふれていた鉄道の土手に逃げ、人のうめき声や泣き叫ぶ声、鼻を刺すような人肉の焼ける匂いの中で明け方まで過ごしました。ほうぼうを捜して私たちを見つけた父は「よく生きていてくれた」と泣きました。身をもって私を守ってくれた乳母もまるで子供のように泣き出しました。生きていたら八十歳ぐらい、父も亡くなったいま、名前すらわかりません。

こんな思い出は私たちだけでたくさん。若い人たちには武力では白黒は絶対につかないということを教育して欲しい。

東条中学校の運動会の写真を見せてもらった。はつらつとした美少女、彼女に魅せられたのだろう、幸子さんはこの地の人と結婚している。

わたしは嫌な質問を投げかけた。「古い田舎では、つらい思いをされたでしょうね」「孤児イコール問題児としてさげすみの目で見られることも多く有りましたね、そんな時代だったのでしょう。」と言ってにっこり笑われた。

孤児ゆえに、苦しく辛い思いをされたのだった。はきはきとお話しくださる表情の裏に深い苦悩をかいまみた。

最後にきっぱりと言われた、そのおコトバにわたしは希望の光をみた思いだった。

「多くは孤児院出身であることを隠すが、わたしはそうする必要はないと思っている」

「富田林広報」に載せられた若楠学園

戦後の戦争孤児を養育した若楠学園が富田林にあったこと、その存在を知る人はほとんどいない。

一九四六（昭和二一）年一〇月から一九七一（昭和四六）年まで二十五年間、多い時で八十数名の子どもたちがいたことは富田林市史に一行も記載されていない。園長の娘昭子さんの話や、つてをたどったり、残されていたモノクロームなどから、ペンを進めてきたのだが、そこに生きた先生や子どもたちの姿がうかんできた。

昭和三〇年代の『富田林市の広報』（縮刷版）をめくってみる。

「若楠学園を慰問」昭和三二年、八一号の記事のタイトルである、一一月一五日に富田林地区婦人会が、薄幸の子どもたちに慰問品を贈って激励した。三浦園長から子供たちの日頃の生活の様子を聞き、幼児とともに歌ったり踊ったりして楽しいなごやかな雰囲気をかもし出し一日里親の役目を果たした、とある。

「気の毒な子供に贈り物」というタイトルは昭和三五年、一〇七号である。河南高校の家庭科クラブが文化祭のバザーで得たお金で、気の毒な子どもの喜ぶお菓子を買って、子ども八十五人へ贈りに訪問したお話である。

「恵まれない子に母親の愛情を与えようと〝よろこびの母子像〟を贈る」お話。昭和三八年の一四九号に掲載された記事で、贈ったのは、市公民館青年サークル「憩の会」の人たちである。

いずれも市民の善意ある美談である。富田林の市民はこんなふうに子どもたちとかかわったいいお話だ。

村の人とのいい付き合いもあったと聞く。学園には甘南備の村の人が、炊事や雑用で働いていたが、学園の卒業生が、四、

若楠学園を慰問
富田林地区婦人会

去る十一月十五、六日の両日市婦人会富田林地区では会員一三〇名参加のもと、若楠学園（甘南備）慰問の会を実施、同学のこどもたちに慰問品を贈って激励した。すっかり紅葉した雑木林にかこまれた学園で一同は子供たちの日ごろの生活の様子を三浦園長からきき、幼児らとともに歌ったり踊ったりして楽しいなごやかなふん囲気をかもし出し一日里親の役目を果した。帰路名産東条みかん園を見学、同地のみかんの歴史や栽培等の話を植條久治氏からきき、開泉寺で第七回みかん全国大会の模様を幻燈で見、有意義な一日をすごした。

慰問をうけてよろこぶ園児

広報とんだばやし昭和32年81号

五人で、おばさんのところへよく遊びにきていたという。

児童憲章を希望に

広報の記事で気にかかることがある。「薄幸の子供」「気の毒な子供」「恵まれない子供」と書かれている。わたしたちは孤児たちにこのような意識でいいのか、と考えこんでしまう。

昭和三〇年代の市民の戦争孤児への人権意識は、まだ育っていなかったのだろう、と思う。

温厚な人柄の人だったと聞くが、朋一園長は善意をありがたく受け取ったのだろうが、子どもたちのさびしい瞳のなかに、園長は福祉が人間の権利だと意識していたのではないか、と思う。先に紹介した便せんの左端には次の文言が印刷されていた。

「児童は人として尊ばれる。児童は、社会の一員として重んぜられる。児童は、よい環境の中で育てられる」これは一九五一（昭和二六）年五月五日に公布された児童憲章の文言だ。「一二」には「すべての児童は、家庭で、正しい愛情と知識と技術をもって育てられ、家庭に恵まれない児童には、これにかわる環境が与えられる」とある。朋一園長はこのコトバを意識し希望を求めていたのだった。

一九四七（昭和二二）年一二月一二日公布されている「児童福祉法」には、第一条で、「全て児童は、…福祉を等しく保障される権利を有する」と、第二条では「国及び地方公共団体は、児童の保護者とともに児童を心身ともに健やかに育成する責任を負う」と、「権利」と「責任」について言及している。

多忙な仕事の人であったが、大変な読書家―晩年は中国問題に関心を持っていた―であったと聞く。雑務におわれつつ、尾山和江医師らとともに福祉事業の理想を求めた人ではなかったか、時代を見据える見識の持主であったのではないか。

若楠学園や朋一園長についてはこの程度のことしかわからない。戦後の混乱期に二十五年も続いた、多い時は百人近い子どもが養育されていたというのに、その資料はほとんどない。たいていの施設は記念誌があるのだがこれもないのは残念なことだ。

大阪大空襲と孤児

山崎幸子さんの体験したのは大阪大空襲だ。

敗戦の色濃く、一九四二年から連合軍のアメリカ軍による本土空襲が始まった。大都市から地方都市に至るまで日本国中甚大な被害があった。B29爆撃機が百機以上来襲したのを大空襲というらしい。

大阪には一九四五年三月一三日の大空襲に始まり、大空襲が八回、B29爆撃機から落下する焼夷弾、P51ムスタングによる機銃掃射も加わり、街は火の海と化し、人も家も焼きつくされた。

地獄絵の中の死者一万二六二〇人、目をやられ手足をもぎとられた重軽傷者三万一〇八八人、行方不明者二一七三人に上る。罹災者は一二二万四五三三人、家屋被害三八万四二四〇戸を数える。（大阪府警備局「大阪空襲被害状況」一九四五年一〇月による）

都市を襲った空襲で、日本国中、家族を失った戦争孤児があふれた。

敗戦直後の東京の上野、京都、大阪の梅田、天王寺の駅や地下道には、野宿する子どもがたくさんいた。汚れたボロボロの服をきて、道ゆく人にたべものを乞うていた。弱い子は地下道にもたれて死んでいった。野坂昭如の「蛍の墓」の場面だ。闇市で物を売り、靴磨きするたくましく生きる子もいた。食料を与えるかわりに、スリや窃盗をさせる悪質な暴力団の甘言に釣られる子もいたという。

そんな子が三十七万人弱いたというが、（朝日、一九四八年一月一日「今年ホープ」）、厚生省の「全国孤児一斉調査」によると一二万三五一一人だという。（一九四八年二月一日、ただし沖縄はアメリカ統治下で調査できないとのこと）。調査の違いがあるのに、実態調査把握の困難さがうかがわれる。

疎開させられた子どもたち

一九四四年六月三〇日、東条内閣は、国策として「学童疎開促進要綱」を閣議決定した。親戚や知人らにあずける縁故疎開を原則とするが、それが困難な学童には学校ごとの集団疎開を実施した。全国十三都市、約四十万の国民学校初等科三年生以上の学童が対象とされた。ただし、持参する布団がない、一カ月十円の疎開費用の払えない貧しい家の子は、空襲のせまる大都市に残された。このような子どもたちも空襲に遭った。

大阪市内から離れている富田林には、多くの縁故疎開者がいた。『富田林市史三巻』によると興正寺別院、妙慶寺、浄谷寺などの寺院や旅館は集団疎開の子どもたちをうけいれた。東住吉区の平野国民学校や育和国民学校の生徒だった。

空襲の後、疎開先に迎えにくる家族もいない子のさみしい顔が忘れられないと世話した人は言う。家へ帰っても焼け跡しかなく、駅に野宿し、さまようしかなかった。そんな孤児を、大阪では、「駅前小僧」京都では「駅の子」と呼ばれていた。

広島の原爆孤児五九七五人、長崎二三二三人、旧満州や南洋諸島から単身帰国した孤児もいた。多くの戦争孤児が生まれた。その内施設に預けられたのは約一割だと記録される。

東京の上野、京都などでは、「狩り込み」「浮浪児狩り」などという、まるで動物を「捕獲」するようにして収容した。子どもたちは一旦、一時収容所に集められたがそののち各施設にあずけられた。乏しい食料状態などで、逃亡する子もいたという。

施設に入れなかった子どもたちはどこへいったのだろう。やさしい養父母に引き取られた幸せな子もいた。苦しい家計の親族に無理やり引き取らせ、子どもを過酷な農作業に追いやったり酷い扱いをした例も少なくなかったという。人身売買の魔の手に落ちた子もいたとか。孤児たちの行方を思うと心が痛む。

施設に引き取られた戦争孤児

三浦朋一が府の「知り合いから依頼されて」引き取ったというのは、このようにして父母を失ったりして身寄りのない「阿倍野あたりでさまよっていた」子どもたちであった。大阪市立市民相談所で、中心となって活動した五十嵐兼次の報告によると、街頭で浮浪する子どもたちを、府下の施設に収容したという。

報告されている施設の中、富田林近辺のをあげてみる。◎は赤塚康雄「大阪の戦争孤児」（1945・11・1～1948・3・31実施分）〇は各施設発行の記念誌の記述による。

◎生駒学園　一〇四名（東大阪市）

生駒学園は少年保護事業として一九二三（大正一二）年に浄土真宗本願寺派の僧辻本謙亮によって創設されている。若楠学園の嘱託医であった尾山先生はここに勤務していた。

◎公徳学園　六三名（東大阪市）

◎若江学園　五四名（東大阪市）

◎修徳学園　五三名（柏原市）

明治四一年から、感化院として発足した大阪府立の施設。大和川の脇にあり、ここでも敗戦直後、全敷地を耕作地に変え、子どもたちを飢餓から守った。映画「みかへりの塔」で知られている。

〇高鷲学園　一九四五年から三年間の入園者計六七名（羽曳野市）

〇羽曳野中学校　八三名（羽曳野市）

敗戦直後、前身の長谷川学園に孤児を受け入れる。昭和二三年には羽曳野中学校を建て、共同生活をしながら、自活するための農耕や木工製作などの職業教育をする。

◎桃花塾　五六名（富田林市）

一九一六年から岩崎佐一によって、障害のある児童のためのペスタロッチ教育理念をもとにする教育施設。

□若楠学園（富田林市）　公的な記録はないが、四十名ほどと推測される。

高鷲《たかわし》学園に合併吸収された若楠学園

一九七一（昭和四六）年に若楠学園は忽然と消えた。羽曳野市高鷲学園に合併されたという。広い敷地の四棟建物、地域の人々にも支えられてきた学園、一九四六年の創設から二十五年の歴史が閉じられた。

合併の事情を知りたいと、知人をとおして高鷲学園を訪問することができた。羽曳野市南恵我之荘二丁目六―二〇、閑静な住宅街の中にある学園に玉城幸男氏とともに訪れたのは、まだ残暑厳しい二〇二一年九月九日のことだった。

高鷲学園は、一九四五年一二月一日、生駒山の中腹に、軍人遺児の育成のための「生駒寮」の創設にはじまった。したがって恩賜財団軍人援護会大阪府支部による経営であった。

七名の軍人遺児たちだけだったが、敗戦後児童数も一般孤児たちも含め二十一名に増え、大阪府高鷲村東大塚に移転した。一九四六年九月に「高鷲学園」開設となり、一九四八年には、児童福祉法施行に伴い、養護施設として認可をうけている。定員五十名にはじまり、二年後には七十名に増えている。

のち地域のニーズに応え保育所や、学童保育所を開設している。地域の人々と協力し、また子どもまつりなど多彩な活動を成功させている。

この日は、コロナウイルス蔓延の最中、大阪では緊急事態宣言が出されていて、子どもたちの起居する施設訪問はなかなか困難であった。子どもたちが登校していて施設にいない時間をねらってお話をうかがった。

合併時のいくつかの資料は保存されていた。

三冊の学園生活のアルバム、天王寺動物園への遠足や海浜でのキャンプ、子どもたちの笑顔がこぼれる。若楠寮の掃除や風呂焚きに励む子ら。正面からの若楠寮の写真などで、若楠学園の子どもたちが、わたしの眼前にいきいきと動きだした。創設をささえた役員名簿や家屋台帳も残っていた。

記念誌『高鷲学園　50年のあゆみ　その旅立ちから』は、合併当時の若楠学園の子どもの事情などが記録されていた。そして高鷲学園の子どもたちの生活、園長や先生たちの子どもへの温かい取り組みや思い、高潔な福祉事業への理論までうかがえるすばらしい記録だった。

「あんな大きな施設、なぜ高鷲と合併したのでしょうか」

とわたしは質問を投げかける。

「(三浦園長は)もうお歳やった、ことと、経営がむつかしかったから、と聞いていますす」という事務所の人のお答え。

三浦千種は自伝「私のあしあと」で語っている。「…こうしたことを二十五回繰り返している中に、家屋の老朽は容赦なく進み、鉄筋にての新築要請があったが、少額の補助金では六十歳を過ぎた身には重く、涙を呑んで民間の大施設に合併して引退した。学園の建物も我が家も打ち壊され…」引退

高鷲学園（リーフレット）

を決意したものの、なんだか名残惜しそうな述懐である。

高鷲学園の記念誌『その旅立ちから』から若楠学園との合併の事情が明らかになった。年代順に記録しよう。

○一九六六（昭和四一）年三月　社会福祉法人若楠学園（養護施設）合併認可される。

一九六七年ころ　若楠学園の三浦朋一園長は、この時点で合併を準備していたものとおもわれる。一九六七年ころ退職したようだ。六二歳である。

○一九六八（昭和四三）年、高鷲学園の職員が若楠学園の園長に就任。

この間の事情を新園長が思い出を語っている。「若楠学園から職員不足で応援の要請があり、みんなで交代で応援し、園長が退職された後、遠隔地なので次に就任される方がおらず、私が任命され、転出しました」

○一九六九（昭和四四）年　若楠学園で働いていた職員は語る。

「当初私は若楠学園にボランテアとして参加していました。あるとき主要な職員がほとんど退職してしまったこともあって、正式に職員として働くことになりました」

○一九七一（昭和四六）年四月三〇日　若楠学園移転用鉄筋コンクリート三階建（五九四㎡）を園内に建築。職員の記録によると「こじんまりした三階建で一階は事務所と幼児室、風呂場、二階は中学生二〇の居室、三階はリビングルームと保母室でした。」

同　五月三〇日　若楠学園が高鷲学園に移転。富田林市甘南備一八二五番地より

○一九七二（昭和四七）年四月一日　若楠学園を吸収合併、高鷲学園の定員一一〇名に。建物とともに、四十名ほどが高鷲学園にやってきた。合併時の東条小学校からの転校生は二十一名だった。当初は園内に若楠棟と高鷲棟があって、別々の生活だったが、十カ月後には、両学園は合体したという。山の暮しから、住宅地に来た子どもたちはとまどったという。

わたしは合併の数年前に三浦園長がやめているのを、初めて知った。

学園の合併という一大事の時に、トップの責任者が退職とは何事ぞ、とわたしには疑念がわきおこる。晩年は肝臓を患っていたと昭子さんから聞いているが、おそらく、一九六五年ころ、三浦朋一園長の心身をさいなむ困難な状況、若楠学園の存亡にかかわ

る状況があったのだろうか。

園長や主な職員の退職があったようだが、高鷲学園が人事においても、救いの手をさしのべてくれた。両学園は創設の理念においても近しい関係にあったようだ。

経営の困難さは、どこの施設でも四苦八苦、おおくは職員の犠牲的精神と献身的な労働にささえられている。福祉行政の手厚い支援は程遠いようだ。

甘南備の山間での福祉事業の理想は夢半ばで力尽きた。その痛恨の苦しみはいかばかりであっただろうか。

しかし、若楠学園の理想は高鷲学園に引き継がれていったように思われる。若楠学園の職員であり、高鷲学園にうつって、後園長にもなった方々の実践を見る時、わたしはそう感じる。子どもたちへの愛情ある寄り添い、地域社会との理解と連携、子どもたちへの、将来への希望ある展望等に

卒業生と三浦朋一・千種（尾山和江氏所蔵）

もとづいた実践はすばらしい。

晩年の朋一園長

嶽山《だけやま》のふもとのこじんまりした住まいで、ひっそりと妻千種と晩年をすごした朋一園長。闘病しつつ朋一の脳裏に忘れられない葛藤と苦悩があった。

東京からこの地に連れてきて苦労させた前妻郁子との離縁、四人の子どもたちとの別離。人として、福祉にかかわるものとして、ゆるされぬことではなかったか、という自責の痛み。

老いた朋一園長の耳に、鳥の声のはざまに聞こえてきた学園の山の子たちの歓声。

一九八一（昭和五六）年七月二八日、七六歳、三浦朋一は静かに目をとじた。

おわりに　戦争孤児なんの補償もなく

三浦朋一の娘さん高原昭子さんとのなにげない会話から、わたしは若楠学園と、園長三浦朋一の探索の旅にでた。創設当時の幼い戦争孤児たちと同年齢のわたしであるが、未知の出来事に遭遇した思いだった。

あの太平洋戦争の時、帰らなかった召集兵の遺族の悲しみと生活苦、戦中戦後の食料難などについては聞いていたが、戦争孤児の戦後のすさまじい体験談に圧倒された。そんな子どもたちに住まいと食料、温かい心をさしのべた三浦朋一園長の半生に心うたれた。荒れすさんだ敗戦後の闇の中に、ぽっかりと南河内のうつくしい自然につつまれた子どものやさしいコミュニティが浮かんでくる。

二〇二一年六月二九日付の朝日新聞の見出しが目についた。《空襲被害救済　また断たれた道》に。「国は軍人・軍属ら（その遺族）に総額六十兆円を補償してきた一方、空襲などによる民間被害者は救済の対象外としてきた」「救済をめざす議員立法は、五十年前から続いてきたが、今国会も提出はかなわなかった」という記事。空襲で家族を失い孤児になった人、爆弾が片足を奪い、目を損傷した人、学ぶ道からも仕事につくことも閉ざされた人が、空襲被害者の援護を求めつづけてきた。これが戦後七五年後のこの国の扱いである。

また参考文献を読むなかで、民間の空襲被害者には、戦争という国の非常事態のときは国民は等しく耐えなければならない、という〔戦争損害受忍《じゅにん》論〕が空襲訴訟の人におしつけられていることを知った。焼かれても、殺されても、手足がもぎとられても我慢せよ、ガマンガマンなのだ。孤児たちはどれだけガマンしてきたことか。

戦争被害のなかで、戦争孤児たちは、なんの補償もなく、最も悲惨な立場にさらされたのではないか、とわたしは思うようになった。高校や大学進学をあきらめた孤児、生きてゆくための技能や資格さえとれなかった孤児たち。

朋一の残した便せんにかかれていたコトバ

「児童は　人として尊ばれる。児童は社会の一員として重んぜられる。児童はよい環境のなかで育てられる」をかみしめたい。

甘南備「共栄町会」のさくら

二〇二一年四月、若楠学園の跡地はさくらの花盛り。

楠母神社の跡地に、ほうりだされてバラバラになっていた燈籠、狛犬が再現。笠をかぶった楠公夫人が三人の子をしたがえている像が修復されている。あまりにいたましいと、甘南備町「共栄町会」の要望で富田林市が修復したという。

二〇二一年四月、自治会長、竹田雅典氏にお話を聞く。三十四軒の甘南備「共栄町会」は、集って草刈りをし、水仙、あじさいなどを植える。圧巻なのは一五〇〇本の桜、昭和一六年の記念樹の桜の大木の手入れとともに、秋月・八重曙、普賢象などの銘木の桜の植樹。

春が来るごとに、村人の手で守られた桜は、山を彩るだろう。若者を戦地に追いやった戦争の忌まわしい歴史を再現しないでいたいもの。

若楠学園は〝幻の学園〟に終わらなかった。資料を提供してくださった方、聞き取りに応じてくださった方の協力に感謝申し上げたい。

主な参考資料

『富田林市史　第三巻』平成一六年
『戦争孤児たちの戦後史1〜3』吉川弘文館　二〇二一年
『慈愛の庭　生駒学園七十五年史』生駒学院　一九九八年
『修徳学院九〇年誌　共立を希って』大阪府立修徳学院　一九九八年
『羽曳野中学校　戦災孤児の生活記録』駸々堂　昭和五一年
『桃花塾一〇〇年の歴史』二〇一六年
『高鷲学園　五〇年のあゆみ　その旅立ちから』高鷲学園　一九九六年
若楠びんせん　社会福祉法人　若楠学園　昭和三一年
『富田林市広報（縮刷版）』４６号、８１号・１０７号・１４９号
「富田林市広報」７８５号　二〇一五年六月
『楠公夫人―楠妣庵と加藤鎮之助翁―』角田貫次先生述　昭和十一年
楠妣庵観音寺リーフレット

朝日新聞　二〇二一年六月二九日
毎日新聞　一九九四年九月一二日
産経新聞「日本人の心」二〇二〇年一月一七日
『私のあしあと』三浦千種　一九九六年
「富田林における楠公教育をめぐって」木村和世　大阪民衆史研究　第四五号　平成一一年
『「誉れの子」と戦争―愛国プロパガンダと子どもたち』斉藤利彦著　中央公論新社　二〇二一年
『山川日本史』山川出版社　二〇〇九年
一燈園リーフレット

第二部

楠母神社《なんぼじんじゃ》

楠母神社　昭和 18 年 5 月 10 日　（橋本京子氏所蔵）

ソメイヨシノの下で

大阪は南河内、富田林の町並みから石川を渡り、府道２０１号線を金剛山にむかって車を走らせる。古い集落の狭間に新興のしゃれた家並も目につく。十五分後、家々が途切れ、渓谷となった佐備川が近づく。

　右手の小山は楠妣庵《なんぴあん》のある峯條山《みねじょうざん》、左手の丘陵に白光を放ったような大木が視界を射る。わたしは誘われるようにして近づく。甘南備《かんなび》の集落に入り込み、はずれの急坂を登ると、ソメイヨシノの饗宴だ。澄んだ四月の空にのびやかに枝を拡げ、今を盛りと咲き誇る巨木の桜。すっかり花びら開き、「万朶《ばんだ》」の桜という古い言葉が浮かぶ。

　花の下は、広場に整備され、ベンチも置かれている。うぐいすが奏でている。ソメイヨシノは紀元二千六百

記念樹の桜咲く広場

年（一九四〇年・昭和一五年）記念に植樹されたというから、二〇二二年のこの春、八十二年になる。広場にたたずむわたしは桜の天蓋《てんがい》の下にいる。なんだか高貴な人になった気分。天蓋を出《い》でて、なおも丘陵の急斜面をのぼる。

巨大な李王妃方子《りおうひまさこ》の歌碑

菜の花やバラやスミレの植えられた花の道を登ること約三十メートル、平坦な広場があらわれた。広場の東端、正面に、三メートルほどもあろうか、巨大な岩石の碑があった。碑文は二段、上段は李王妃方子《りおうひまさこ》が、「楠母会《なんぼかい》」に賜った歌、変体仮名の分かち書きで、高貴の人の歌は下々《しもじも》には読みづらい。「国のため　ささげし母のまごころを　いまもつたへて　子をそだつべき」という歌だ。下段の説明文と当時の「大阪朝日新聞」五月九日付（玉城幸男氏提供）の報道をもとに解説してみよう。

一九四一（昭和一六）年、五月一〇日から九日間、楠母神社を中心に愛国婦人会、国防婦人会会員ら一万人を参拝動員し、講演や奉納の催しが盛大に行われた。この狭い丘陵と渓谷をうずめたのは、拝殿建立に寄進した白い割《かっ》ぽう着《ぎ》の国防婦人会会員、神社本殿に十銭献金した高等女学校生徒、一銭献金の尋常小学校のまだあどけない女生徒だ。この日は、朝鮮皇太子と結婚した方子妃殿下がお見えになるというので、女雛のように美しい貴人を一目見ようと野良仕事を休んで村のおっ母らも山裾に押し寄せた。（拝殿とは、神社の本殿の前にある礼拝をおこなうための建物のこと）

地元の小学校も、歓迎に動員された。富田林町から甘南備に至る途上にある東條村の東條国民学校では、この日、学校沿革誌によると「五月一〇日、学校下大道にて師団長ノ宮妃李王妃殿下奉迎」とある。

ま新しい神殿なった楠母神社前に到着した李王妃方子をお迎えしたのは、楠母会会長に就任したばかりの阿部信行陸軍大将だ。この方は、昭和十四年には、内閣総理大臣にもなったという、お偉い人なのだが、方子妃殿下を、うやうやしく敬礼している。妃殿下方子はよほどお偉い方なのか、なにしろ皇后さまの名代《みょうだい》（代理）としておこしになられたのだから、とみんな緊張している。

ひきつづいて午前十一時から、若葉祭が執行され、大阪師団の石井少将の講演や奉納の神事がおこなわれた。このような催しが連日おこなわれ、最後の十八日には、楠公夫人の大法要が催された。〝夢〟のような催しだった。

楠母神社の建設

楠母神社は立派な拝殿と後方に本殿のある神社だった。紀元二千六百年を記念して一九四〇（昭和一五）年八月に完成した。

参拝する婦人会や、地元小学校の勤労奉仕の記念写真をみると、鳥居、燈籠、狛犬《こまいぬ》、拝殿の檜皮葺《ひわだぶき》の屋根、ま新らしいが、威風堂々《いふうどうどう》たる設《しつら》えである。

楠母神社の碑は、方子の歌碑建立以前は鳥居の近くにあったが、現在は公園の登り口に移転して残されている。碑文を紹介しよう。

　大阪府南河内郡東條村
矢佐利《やさり》この地は贈正

楠母神社の碑

一位橘朝臣正成《あそんまさしげ》公夫人
誕生の地なり
楠公父子の誠忠古今を
貫くも楠氏一門の節義
天地を照らすもこれ偏《ひとえ》に
夫人内助の功に基く真に
夫人は日本婦人の亀鑑《きかん》たり
依つて紀元二千六百年を期し
この聖地に神社を建立し
永久に淑徳を讃仰《さんぎょう》し奉る

（楠正成は建武元年に従五位下に叙されたが、正一位に追贈されたのは明治十三年のこと）

（亀鑑　手本のこと）

（かな付、と注は著者による）

楠母神社建立は楠母会の発案か

神社建設の起動力になり、発案したのは楠母会という組織であったと思われる。楠母会は既に、一九三七（昭和一二）年に、楠公夫人顕彰のために結成されていた。顧問に池田清大阪府知事、会長に阿部信行陸軍大将、副会長に池田與志知事夫人、理事道簱治衛東條村村長、内田愛蔵大阪府議らが参加し、広く会員を募集した。（「大阪朝日新聞」昭和一四年八月一二日、昭和一六年六月二四日付、木村和世の論文による）地元の有力者や当時の国防婦人会のリーダーたちも参加していたと思われる。

呼応する高等女学校の校長、女教員らの献金計画

神社敷地三〇〇坪の買収には「道簱東條村村長らの奔走で目鼻がつきかけてゐる模様」という。（昭和一四年二月一〇日付の「大阪朝日新聞」の記事。玉城幸男氏提供）

同記事には神社建設の献金の様子が報告されている。そのまま引用する。

「大楠公夫人の遺徳顕彰のためゆかりの南河内郡東條村甘南備若楠寮裏丘陵地に大楠公夫人神社を建立しようといふ計画はその後着々と進み河南女教員會が地元小学女生徒から建立資金として一銭献金をすることを決議したのにつゞいて、去る一月十八日清水谷高女での府立高女校長会議の席上満場一致で府立十四女学校の生徒が十銭献金することを可

決、さらにこのほど私立二十二高女もこれに賛成、さらに堺市でも女教員會の協議で市内十六小学校女生徒が献金することになり、時局柄とはいへ、反響が意外に大きいのに関係者も驚いている」この記事から建立のための献金運動が、大阪府下の小学校・高等女学校あげて盛んに行われたのがわかる。（小学校は昭和一六年から国民学校と改称された）

地元の富田林高等女学校（現府立河南高校）の教務日誌の、昭和一四年一月二六日付の記録によると、

「学校長ヨリ、大楠公夫人久子夫人ノ誕生地デアル若楠寮ノ庭内ニ神社ヲ建テルコトニナツタ、五千円、府下南河内郡ノ女教員達発起人トナリ、女性ノ寄附ニヨリ之ヲ建テントス、依テ女学校ハ十戔宛出スコトニ校長會デ定ツタ、土曜日迄ニクラスデ集メルコト」

これによると、神社の建設資金は五千円、（この日は木曜日だが）最終的には校長会で決まったので、土曜日までにクラスで集めよ、とかなり急いで集金している模様がわかる。

国防婦人会、愛国婦人会らの主婦の後押し

今地面にころがっている燈籠の台座に愛国婦人会寄贈と刻んであるのが見える。神社

建立に協力した婦人団体であるが、ネットのウィキペディアで紹介されている程度だが、簡単に説明しておこう。

愛国婦人会は一九〇一（明治三四）年創立、国防及び戦死者の遺族、傷病兵を救うために結成された団体、上流階層の婦人が名誉職として会員となっている。富田林の地主の娘であった石上露子《いそのかみつゆこ》（本名杉山孝）はその会員で、自伝「落葉のくに」に、露子が日露戦争時、愛国婦人会の代表として、戦死者の葬儀に参列する場面がある。

国防婦人会は、一九三二年から、割ぽう着と会の名を墨書きした白タスキを会服として活動、大阪港で出征兵士を見送る大阪のおばちゃんの活動からはじまった。慰問袋の作成、傷痍軍人、遺家族の扶助など銃後の主婦の活動として全国にひろまった。一九三一年満州事変、一九三二年上海事変の日中戦争時、銃後の女たちのこのような活躍があった。

自由に外出もできなかった家庭の主婦が、姑に遠慮なく大っぴらに社会活動に参加できるという解放感もあったといわれている。二〇二一年八月に放映されたＮＨＫテレビ番組では、疑問なく嬉々として「女だってお国のために」と使命感に燃えていた女たちの姿があった。もっとも敗戦直前には、自分の夫や息子を戦地に遣る悲しみにくれる表情も描かれていた。

一九四二年二月にはこの二団体と大日本連合婦人会が、軍部の指導援助の下に統合し、大日本婦人会となった。その所属数二〇〇〇万、未婚で二〇歳未満の女性を除くすべての女性が会員とされた。銃後の国防堤とされ、国防思想にくみこまれ、空襲時の防火や竹槍訓練などに励んだ。街では、召集兵に持たせる千人針を集めたり、パーマネントや華美な服の女性を婦人会員がとりかこみ「ゼイタクは敵よ」と詰問する風景があった。

この原稿を推敲している今、二〇二二年一一月、ウクライナに侵略したロシア、さらに若者を徴兵するプーチン大統領に対して、ロシアの母たちが、抗議活動をしたというニュースを知った。徴兵された息子を返せ、と。

八十余年前の日本の女たちは、声もあげられなかった。母の思いは同じはずなのに。

『富田林市史三巻』のグラビアに、錦郡村の大日本国防婦人会のメンバーの写真が掲載されている。たすき掛け、割ぽう着姿の女性たちである。中央には橋本マツエの姿が

錦郡村大日本国防婦人会（藤本家所蔵）
（『富田林市史第三巻』より転載）

ある。マツエは若楠寮で茶道、華道をおしえていた。また李王妃のもてなしをひきうけて、妙心寺管長より感謝の書状をもらっている。マツエの姪にあたる橋本京子さん宅には、今も李妃方子の足下に敷いた赤いじゅうたんが保存されているという。（橋本京子さんから聞き取る）残されていた記念写真から錦郡村の娘さんとたびたび楠母神社参詣をしていたことがわかる。錦郡村の国防婦人会の有力者であったマツエは、楠母会のメンバーであったと思われる。

本殿に遷座式

このように楠母神社は、小学校や高等女学校の女生徒、広範な婦人団体、地元有力者、政府軍部の要人にいたるまで、多くの組織あげての神社建立がなされた。完成後は、すべての女性に参詣が勧められた。女性だけでなく、男子生徒は労働奉仕に動員された。式典の前日五月八、九日には、東條小学校高等科男子が楠母神社に勤労奉仕している。また一九四一（昭和一六）年一〇月三日には、若楠寮に勤労奉仕している。（『東条小学校沿革誌』による。）その時の少年二十九名の、「大楠公夫人誕生地　講堂増築ニ付キ奉仕記念」写真が残されている。東條小学校は、嶽山の麓の小高い丘の上に、東條村の小学校として一八七二（明治五）年開校された古い歴史ある学校だ。

楠母神社の立派な拝殿の奥には、神様が住まわれているこじんまりした本殿がある。かような奥ゆかしい神社の儀礼に無知な著者および読者のために、木村和世氏の元東條村村長道簾治衛からの聞き取りを紹介してみよう。

「昭和一五（一九四〇）年一一月二二日午後六時から正遷座祭が施行された。佐備神社（東條村）の神主など三〜四人を呼んで、夜中に白い装束を着て、楠妣庵の楠公夫人のお墓から御魂を楠母神社に移す形で行ったという。楠母神社は神社の形式としては邸内社の形式をもって祭られた」

後述するが、楠母神社を廃社するとき、御魂は喜志の宮さんに移されたと高原昭子さんから聞いていたので、喜志の美具久留御魂《みぐくるみたま》神社の宮司さんに聞いてみた。無知なわたしの愚問であると、お笑いいただきたい。

「あのう、楠公夫人はきれいな方とか、とすると、御魂は彩色された人型でしょうか」「たぶん鏡とちがいますか」と今は引退された老宮司さんのお返事である。

楠公夫人を祀る神社はほかに二ヵ所ある。

一つは、足利尊氏の大軍と戦い自刃した地として楠正成《くすのきまさしげ》を祀る湊川《みなとがわ》神社。一九〇五（明治三八）年に、摂社として名も夫人生誕伝承の地にちなんだ甘南備神社として祭祀せられることになった。そのときひと騒動があった。夫人終焉の地から神霊を迎えようとしたところ、地元の住民が竹槍掲げて阻止しようとしたので、やむなく下赤坂城址で神霊の勧請を行うことになった、という。（「大阪朝日新聞」明治三九年九月二三日付）

もう一つは四條畷《しじょうなわて》神社、夫人の長男正行《まさつら》を祀った四條畷神社は明治二三年に創建されたが、その後一九二五（大正一四）年に、地元の女性たちで摂社としての御妣《みおや》神社を建立した。正行の本殿の傍にちっちゃな祠《ほこら》がある。女性の鑑《かがみ》として讃え神として尊崇してきたが、今は子育て、安産の神として参詣されている。（「産経新聞」平成二九年三月二五日付）

このように、一九四一年、楠母神社では、国家的な大イベントとして、九日間に一万人もの人を集めた夢のような催しがあった。おそらく南河内の人々は、昂奮し大歓迎したのであろう。誰も訪れることのなかった辺鄙《へんぴ》な名もなき片田舎が、全国に知られ、偉い人を先頭にどっと人々が押し寄せる。これはなによりの村おこし、町おこし、地域は活性化される、郷土の誇り、とこぞって協力したのだろう。

今日、ロケ隊がきてテレビドラマの撮影地としてわが町が全国に名を馳せる、と大歓迎する人々の心

御妣（みおや）神社

情と変わりはない。

楠公さんや久子夫人を祭祀することが、戦意高揚に加担することにつながる、なんてこむつかしい理屈をこねる人なんてほとんどいなかっただろう。ましてや、大東亜《だいとうあ》共栄圏《きょうえいけん》、アジアの解放のための聖戦と信じこまされていたから、じつに素直に歓迎したのだろうと思われる。

整備された南河内の楠公遺跡

全国的に楠公顕彰が盛んになったのは一八九七（明治三〇）年以降のことだった。一八九四（明治二七）年の日清戦争、一九〇四（明治三七）年の日露戦争に勝利し、日本は満州（中国東北部）への軍事制圧を進め、一九三七（昭和一二）年の日中戦争となった。その動きと連動して忠君愛国精神を植えつけるため「忠臣」大楠公を称える催しが、殊に南河内では盛んになったと考えられる。

南河内の楠公関連の催しを挙げてみよう。富田林市の人権政策課の〔戦争と平和展二〇二〇年・二〇二二年〕の展示をもとにした。

一九三一（昭和六）　河南地域をあげて大楠公祭
一九三二（昭和七）　楠妣庵で大楠公夫人を偲ぶ歳忌法要
一九三四（昭和九）　建武中興六百年祭全国各地で取り組まれる
一九三五（昭和一〇）　楠公遺跡を巡る耐寒耐難路行軍演習が南河内、吉野で実施
同年　大楠公六百年大祭　南河内で各種記念行事
一九三六（昭和一一）　千早城址に楠公道場（存道館）竣工
一九三七（昭和一二）　大楠公銅像、富田林中学に竣工
一九三八（昭和一三）　ヒットラーユーゲント来阪。千早神社参拝
一九三九（昭和一四）　楠公道路着工（富田林駅〜金剛大橋）
一九四〇（昭和一五）　楠母神社建立
同年　楠木正成を祀る南木《なぎ》神社再建
同年　楠木正成を讃える大楠公六百年記念塔（奉建塔）竣工
同年　大阪陸軍幼年学校落成式
一九四三（昭和一八）　富田林町、「七生報国、盡忠至誠」の楠公精神を町是とする

近鉄富田林駅を降りると、真っ先に巨大な石の道標が目につく。「楠氏遺蹟里程標」で、楠公史蹟への里程を刻んである。明治三十五年二月に「楠氏紀勝会」により建立された。

楠公誕生地記念碑

近鉄前身の河南鉄道が、柏原駅から富田林を経て長野駅まで開通したのは一九〇二（明治三五）年一二月、河南鉄道の後身大鉄電車と南海電車が「楠公遺蹟御巡訪」を宣伝し大いに乗客を増やした時期である。標石の横には、楠公を讃える立派な字が刻まれている。道標には、千早城址へ三里三十二町、水分神社 并《ならびに》 楠公陳列場へ一里二十八町、赤阪村楠公誕生地へ一里二十五町、赤阪城址一里二十五町、観心寺楠公首塚へ三里九町、駒ヶ谷楠家墓地へ二里二町、天野山金剛寺へ三里十九町、と史蹟探訪者の便をはかっている。

まず楠正成の誕生地と伝えられている千早赤阪村水分《すいぶん》に出向いてみよう。
若葉燃える初夏のころ、富田林駅から、真正面の金剛山にむかって「楠公道路」を東へ、石川を渡り山中田《やまちゅうだ》・寛弘寺の集落をすぎ森屋（赤阪村水分）に着く。石川にながれこむ千早川は渓谷になり、山また山の高台に、楠公誕生地と刻まれた記念碑があった。一八七八（明治一一）年の建立、皇太子や皇族「お手植え」のクスノキの記念樹が覆い茂っていた。

一八七五（明治八）年、中央政府の高官大久保《おおくぼ》利通《としみち》が来阪し、金剛葛城山麓に鹿狩りしこの地に立ち寄った。その時、荒廃していた楠公ゆかりの地を嘆き、記念碑を建てたり復興せよと、同行の堺県知事税所篤《さいしょあつし》に命じた。これを端緒として、楠公遺蹟は次々と史蹟指定され、整備されたという。勢いよくそよぐ青田の端っこには楠公産湯の井戸まで作られ

建水分神社内の南木神社

た。二〇〇一（平成一三）年には発掘され楠邸が確認された。要塞のような壕もあったという。

　誕生地から、建水分《たけすいぶん》神社の摂社である楠公を祀る南木《なぎ》神社、激戦跡地の下赤阪城跡、上赤阪城跡、慈愛深い武者であった楠公を物語るという寄手塚、見方塚、楠公を讃える奉建塔などが見渡せる。

　大久保利通は、明治新政府の精神的支柱として、「忠君」楠公の再来を期した、といわれている。


　楠正成については、現在も多くの作家が伝記小説を書いている。資料も少なく史実としてほとんどよくわからない人物らしい。『太平記』にうかがわれる勇猛で智謀にすぐれ人徳を備えた魅力的な人物、その数奇な生涯に惹かれ、執筆の食指をうごかされるのだろう。

　明治以後、金科玉条として「忠君」楠公が喧伝されてきたが、最近になって、気鋭の研究家によって、「正成は後醍醐天皇を妄信する忠臣ではなく、冷静な現実的な目でみていた人物」、などという解釈が論考されている。

棚田には、まもなく土を掘り起こし水がひかれ、蛙鳴きトンボが飛ぶだろう。青い風を浴びながら、遺蹟散策を楽しむわたし。少数の郷民兵をもって、鎌倉の大軍に抗した千早城の戦い。藁人形、岩石・大木落とし、熱湯や糞尿かけ、など縦横無碍《じゅうおうむげ》のゲリラ的奇策の語りに子どもの頃のわたしはワクワクしたものだ。時に幕府や荘園領主に抗した「悪党」、朴訥で有能なわが郷里のヒーロー、楠公さんを、近代の戦争、アジア侵略戦争に加担させたくないのである。

『太平記』の夫人像

ところで、神さんにまで昇格された女人はいったいどんなお方だったのか。

七百年も昔のこの女人についての確かな資料はないし、楠公以上によくわからないのである。さまざまな物語は、つくられた。

まずは、『太平記』—史実だけではなく、物語として創作されたものも多いとされている—から夫人像をたどってみる。ここでは「後室」とか「母」とのみ記述があり、名前

楠妣庵山門下の楠母子像（坂口隆彦氏撮影）

すらわからない。

『太平記』の次の場面はあまりにも有名である。

湊川の戦いに敗れ自刃した楠正成の首級がかつての盟友足利尊氏から、故郷河内に送られてきた場面である。変わり果てた父の首に対面した嫡男正行《まさつら》は、とっさに父に譲られた菊水の太刀で自害しようとする。母「後室」はおしとどめ、父の遺言通り、朝敵を討てと、天皇への忠節と父への孝行を訓戒する気丈な母親像だ。この場面は、楠公夫人の人物像を決めつけた。いつまでも夫の死を悲しみ涙で袖を濡らす手弱女《たおやめ》ではなく、夫の遺志を継ぐ強い烈女である。

楠妣庵山門下にはこの楠母子像がある。左手に遺品の太刀をにぎりしめ、説諭する夫人の顔立ちは凛として揺るぎない。どこか観音様のお顔に似ている。母の言葉に聞き入る少年正行の表情はあどけない。像は昭和一〇年大楠公六百年記念に建立された。

楠母子像は昭和一一年、神戸市立第一高等女学校にも建立されている。

楠公夫人の物語が生まれた―織田完之《おだかんし》と鈴木潔―

あの大楠公の伴侶ともあろう女人が「わからん」では困る。なんとか調べ、世に知らしめたいという人が現れた。夫人の墓らしい五輪の塔しかなかったのを憤り、経済的支援をした加藤鎮之助とともに、楠妣庵を再興したのは織田完之《おだかんし》という農政家で農商務省の元官僚であった人だ。

織田は楠公夫人について調べた。史実として確かな資料はない。そこで観心寺文書、松尾家文書、甘南備の地に伝わる口碑などをもとに、『楠公夫人傳』を著した。発行は大正四年三月一四日である。この書で描かれた婦人像が元になっていくつかの楠公夫人伝が書かれ、特に昭和十年代には多くの人に喧伝された。

織田完之の著は甘南備の有力者であった松尾家の子孫である鈴木潔の著『楠氏と松尾』の文献を早くに読み込んでいたとおもわれる。『楠氏と松尾』の発行は昭和一二年とあるのだが。

甘南備の集落のはずれ、楠母神社の斜面近くに古びた石垣だけを残して、松尾家の跡地がある。松尾家は、江戸時代、下館藩《しもだてはん》の白木《しらき》陣屋の代官であった家柄、楠妣庵を所有し、観心寺を菩提寺とする由緒ある家だが、明治期の当主松尾翠《みどり》が政治運動やキリスト教に熱中し、子弟の教育に財を投じ、家を衰退させたといわれている。

『楠氏と松尾』（著者所蔵）

織田完之の『楠公夫人傳』の久子像を紹介しよう。

まずは出生、諸説あるが、湊川で正成の忠臣であった南江正忠《みなみえまさただ》の妹であったという。正忠は観心寺の過去帳にある実在の人物だが、妹についての記録はなく地元の伝承によるという。

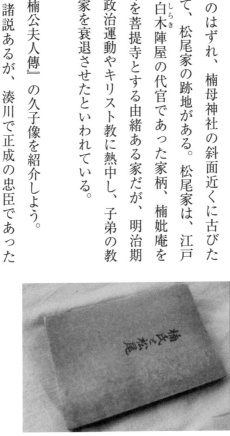

「南江久子《みなみえひさこ》八、九歳にして、已に淑質備はり敏慧にしてよく家庭を守り学問習字より、歌道の奥義に通じ姿貌嫺麗にして、礼節に慣ひ、兼て薙刀の稽古より武技の大要に通習せり。」と記す。易しく言えば、美人で才能もあり、歌や書もうまく、武人の妻として薙刀にまで秀でていて、しかも礼節を心得た女性だった。でもこれは資料にはなく、織田氏の創ったストーリーだ。二十歳の時、隣の赤阪村水分の楠木多聞兵衛《ひょうえ》正成三〇歳に嫁す。「夫婦相和し」夫婦仲はすこぶる良かった。男児ばかり六人を挙げる。夫人は夫正成の留守をまもって、子どもの教育に力をそそぎ、長男正行《まさつら》、次男正時《まさとき》は四條畷に討死し、三男正儀《まさよし》は千早城に病死する。正秀《まさひで》、正平《まさひら》、朝成《ともなり》は系図に存するが詳しくは語られない。母久子は、正行の死後、さすが人生の常無きに感じ入り、甘南備、峯條の山上に観音堂を作り草庵を建て隠棲し、敗鏡尼《はいきょうに》と号し、六一歳の生涯を閉じた。このような人生が『楠公夫人傳』で語られている。

明治末期、大正時代になって、家父長制度下、縛られていた女性も個人として自由に生きる思想に触れ、実践する女性もあらわれるものの、「良妻賢母」育成は、当時の高等

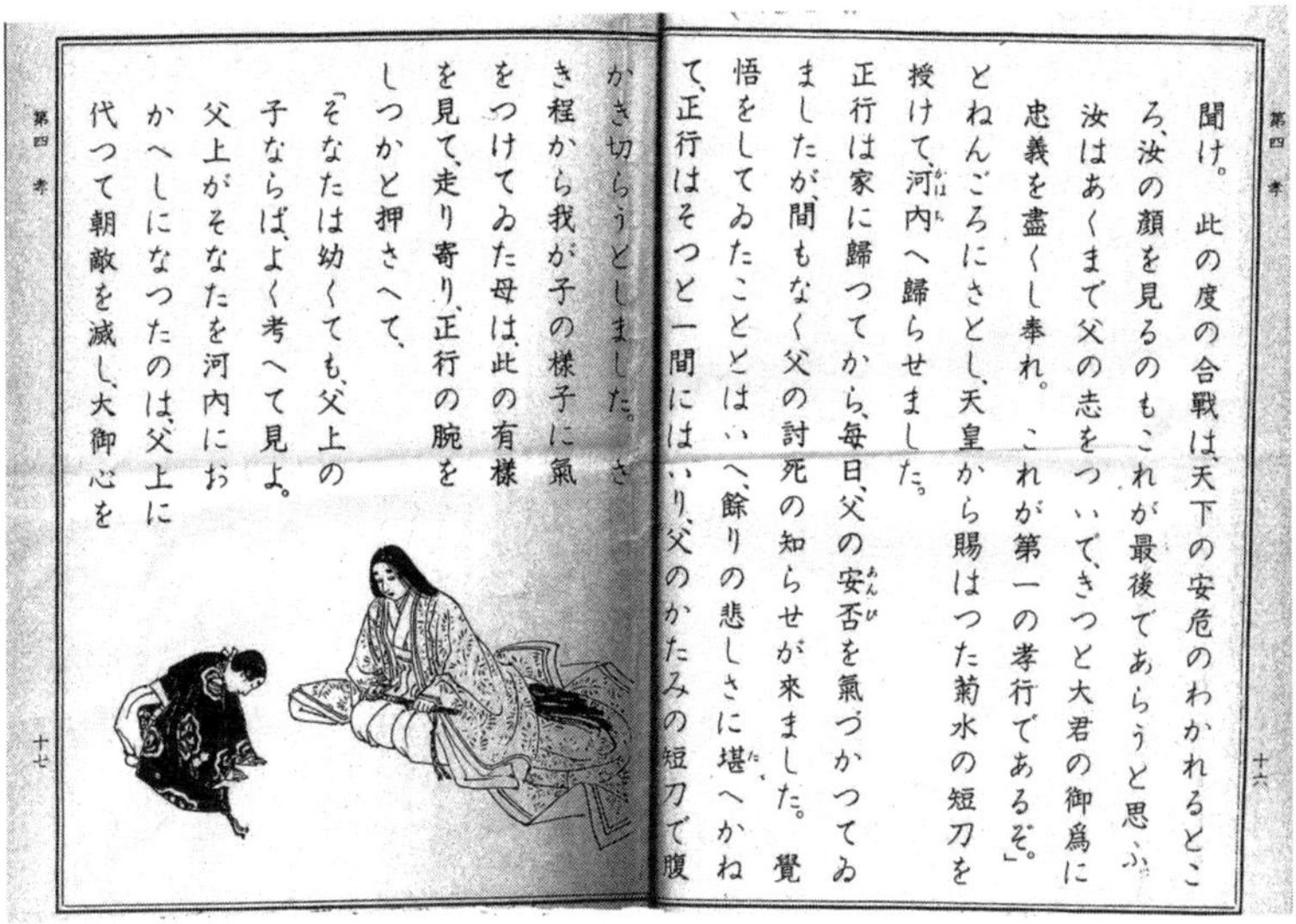

第四　孝

聞け。此の度の合戰は天下の安危のわかれるところ、汝の顔を見るのもこれが最後であらうと思ふ。汝はあくまで父の志をついで、きつと大君の御爲に忠義を盡くし奉れ。これが第一の孝行であるぞ。」

とねんごろにさとし、天皇から賜はつた菊水の短刀を授けて、河内《かはち》へ歸らせました。

正行は家に歸つてから、毎日、父の安否《あんぴ》を氣づかつてゐましたが、間もなく父の討死の知らせが來ました。覺悟をしてゐたこととはいへ、餘りの悲しさに堪《た》へかねて、正行はそつと一間にはいり、父のかたみの短刀で腹

十六

第四　孝

かき切らうとしました。さき程から我が子の様子に氣をつけてゐた母は、此の有様を見て、走り寄り、正行の腕をしつかと押さへて、

「そなたは幼くても、父上の子ならば、よく考へて見よ。父上がそなたを河内におかへしになつたのは、父上に代つて朝敵を滅し、大御心を

十七

昭和14年2月28日発行　尋常小学校修身書巻六　翻刻発行版
（大阪市立中央図書館所蔵）

女学校の教育目標であった。個人のために生きるのではなく、国のため、家のため、夫のために従順に生きる女性像がもとめられた。

その後、次々と楠公夫人像が語られたが、昭和一一年、角田貫次先生述『楠公夫人』には次のような姿が追加される。日本古来の婦道の上に立ち、「温柔細美、隠忍受動（こまやかでやさしく我慢強い）」という貞淑な女性像が加わり、女性は男性の大業成就にささげる性という、いわゆる良妻賢母の鑑《かがみ》〈手本〉という資質が強調されてくる。

野口復堂という人の大正一三年発行の教育講談の記録によると、夫人の財政能力の優秀さが語られ、千早の高野豆腐や河内木綿の開発にかかわったとまで、話が及ぶ。読者大衆を楽しませてくれるが、時代的にまったくあわない眉唾《まゆつば》ものの話になってくる。

こうした楠公夫人像は、子ども向けに国民学校の修身教科書に載り、街では、絵本になり、紙芝居になって語られ広く人々に知られるようになった。

いくつかの楠公夫人伝を読んでみて、わたしには「楠公夫人」にはなれそうもない。楠妣庵山門下のほのぐらい楠母子像の横の立札に夫人の詠める歌とする——後の人の創作と思われるが——こんな歌が書かれていた。

世の憂きも　辛きも忍ぶ　思ひこそ　心の道の　誠なりけり

夫を亡くし、三人の子をみおくった夫人に、いかほどの深い悲しみがあっただろう。悲しみに堪え忍べよ、とその哀しみの声さえ封印することの強制、があったのだ。真情を吐き出すことさえゆるさなかった非情な時代の物語だったことを忘れてはならない。

わたしたちは、楠公夫人の物語を、新しい久子像を語り創造しなければならない。

楠母神社建立、「婦女子の自覚を促すために」

〝夢の跡〟をたどってみよう。神社建立にさきだって、昭和一二年、楠公夫人生誕の地だという伝承に基づいて矢佐利の丘陵地に、若楠寮という木造二階建ての建物を、楠母会が中心になって建立した。女子教育のための修養訓練施設で、主に大阪府下の高等女学校の生徒が宿泊した。楠妣庵が手狭になったので建てられたのだが、宿泊人員百名ほどで、一泊三食一人九十銭であったという。（『大鉄沿線名勝と史蹟』木村和世の論文による）。ここで女生徒たちは、楠公夫人をお手本に「良妻賢母」の講義をうけ教育された。茶道華道の花嫁修業もあり、娘たちの薙刀《なぎなた》の甯高い掛け声が山にひびいた。

時あたかも戦時体制の真っただ中、いさましく中国大陸に侵攻したものの、戦況は泥沼に踏み込んだ。中国人の抗日抵抗戦も激しく、国際連盟を脱退し、国際的にも孤立した。この年一九四一年の一二月には、太平洋戦争に突っ込むことになった。

富田林町や東條村でも、多くの青年や成人が召集された。市史の記録によると、一九四二（昭和一七）年から、急に戦死者の数が増えている。

妖怪漫画で人気を博した水木しげるは、かろうじて生還し、自身の戦争実体験を漫画でえがいた。

敗戦末期、南の島ラバウルで米軍にとりかこまれ、兵器なく空腹をかかえ次々戦死していく残兵に向かって中隊長は演説する。「かの大楠公は数万の敵にわずか五百であたったではないか」「楠公精神」で斬りこみ隊でゆけと。玉砕を命じた。水木は悲惨な現実を漫画『総員玉砕せよ!』で見せつける。これが戦場で利用された「楠公精神」なのか。

軍部は戦場での兵士には、「滅私奉公《めっしほうこう》」「尽忠報国《じんちゅうほうこく》」の大楠公の精神でと鼓舞《こぶ》していた。

一方「銃後婦女子の自覚を促すため」楠母会を結成し夫人を顕彰した。（「大阪朝日新聞」昭和一六年五月九日、玉城幸男氏提供）楠公夫人はお手本にするのにピッタリの女性だった。御国のため、夫のために生きた人、子どもを天皇のためにささげる勇士に育てた母、楠公夫人をお手本、鏡になってもらおう。

そしてとうとう久子夫人を神としてまつりあげた。楠母神社の神である。

前述の皇后代理として来ていた李王妃方子の歌も勇ましい。「ここに集まった娘さんやお母さん、男児を天皇のため、戦い死んで行った勇士を育て上げた楠公夫人のように頑張って下さいね」と叱咤激励した歌だ。時局を思いはかったプロパガンダの歌であった。

李王妃方子については第三部で詳細を描く。

楠母会の解散と壊された楠母神社

勇ましい楠公さんの騎馬像はあちこちで備えられたが、一九四三年以降には、戦争に必要な金属が不足し、接収された。「楠公さんも召集されなさった」と人々はささやいた。

甘南備の山里にも、戦況の厳しさがおしよせてきた。

若楠寮は都会の児童の集団疎開の宿舎になった。

一九四五年三月一三日深夜から一四日未明にかけての大阪大空襲があった。六月一五日の大阪・尼崎都市地域の大空襲の時、農村部東條村に隣接する板持に焼夷弾が投下され、半焼八戸、軽傷三人、罹災者三八人と記録されている。何と二歳のわたしの住む家のすぐ側であった。（『富田林市史第三巻』）

一九四五（昭和二〇）年、八月一五日には国民に降伏を知らされた。日本はポツダム宣言をうけいれ、八月一五日には国民に降伏を知らされた。

ここに貴重な写真がある。写真には「楠母会解散記念、昭和二十年十一月三日」とプリントされている。正面中央には正装らしい神主、兼務していた佐備神社の井上宮司とか、（白い浄衣を着て烏帽子を冠した斎服という正装らしい）東條村村長や千早や東條村の有力者、橋本マツエ、三浦朋一、僧侶たちも、総勢十七名。男性は国民服（戦争中、常用すべきと制定された、軍服に似た男子の服）あるいは背広姿である。バックには楠母神社の拝殿、左端には李王妃の歌碑もみえる。この後神社は壊された。なぜなら、翌昭和二二年一〇

楠母会解散の記念写真（橋本京子氏所蔵）

月の同じ場所で撮影された若楠学園の記念写真には神社、鳥居もないからである。

なぜ廃社し、壊したのか

楠母会解散直前、昭和二〇年九月二一日、楠母会会長阿部信行は第一次戦犯容疑で逮捕されている。阿部は陸軍大学校卒のエリート軍人で、内閣総理大臣、外務大臣、朝鮮総督などの要職を歴任している。ただし極東国際軍事裁判に起訴予定者のリストから外されている。そのわけは謎とされている（ウィキペディア　東京A級戦犯による）「えらいこっちゃあ、タイショウがつかまった」と楠母会会員たちは、あわてたのだろう。時代の風向きの変化を機敏にうけとめたのだろう。

当時の日本を占領していた連合国軍総司令部（ＧＨＱ）は、軍国主義をなくし、民主化のための策を命じた。神道が国家とむすびついて軍国主義をすすめたとして国家神道を廃止した。昭和二〇年一二月には、学校内から奉安殿や遥拝所を除去する通牒を出している。（奉安殿とは御真影、教育勅語など尊いものを所蔵するために、学校の敷地内に作られた施設。一九二〇年代後半から三〇年代にかけて建てられた。遥拝所とは遠く皇

居を拝むために作られた場所）

一九四七（昭和二二）年には、ＧＨＱによる戦争協力者の公職追放勅令第一号が出されている。

楠母神社の取り壊しは、このような時世に、今風にいえば、ＧＨＱに忖度したのだろう。もっとも東條地区には佐備神社、甘南備には咸古《かんこ》神社があり、古くから氏神《うじがみ》さんとして地元住民の信仰をあつめていた。お上《かみ》からの急こしらえの神社には執着しなかったのだろう。

神さまの遷宮――お引越し

楠母神社が壊された時、ご神体は、楠妣庵に預けられた。

楠妣庵観音寺住職は、加藤鎮之助の後継者である加藤宗仙だったが、宗仙は、徴兵されていて、楠母会解散時は中国から帰国していなかったようだ。

数年後、宗仙は親交のあった富田林の美具久留御魂《みぐくるみたま》神社の宮司青谷正佳《あおたにまさよし》氏に依頼した。この神社は大国主命《おおくにぬしのみこと》を主神とするが、水分《みくまり》の神ほかいくつかの摂社や末社が祀られている。楠正成と楠正儀《まさよし》を祀った本殿左側の南木《なんき》神社に、楠妣庵に預けられていた楠母神社のご神体が遷宮することになった。いわば久子の御魂は夫や息子に迎えられたわけである。先代の宮司は昭和五〇年前後だったと記憶される。ついでに、「方子妃殿下の歌碑をひきとってほしい」と言われたが、「あんまりでっかくてねえ、おくとこないわ」とおことわりしたという。

南木神社に祀られている楠正儀は、南北朝時代を壮絶に生き、北朝に帰順したこともある武将であった。父正成や兄正行は後醍醐の忠臣として各地に祀られているが、北朝に帰順し裏切者と烙印された正儀が祀られているのは、この神社だけである。宮司さんにそのわけを聞いてみると、明晰なお答えがあった。

「おそらくこの神社に貢献があったのでしょうか、楠家存続の願いもあり、和平のために北朝と交渉したのでしょう。平和に功績した人だと思います」

美具久留御魂神社《みぐくるみたまじんじゃ》のこと

美具久留御魂神社は、地元富田林では喜志の宮さんと親しまれ、病気平癒・縁結び・生業の守護神として信仰を集めている。出雲大社や大神神社《おおみわじんじゃ》と同じく大国主命《おおくにぬしのみこと》を祀る『日本書紀』にも記載されている古代から由緒ある神社だ。大蛇となって農民を困らせた大国主神の荒魂《あらぶるみたま》を鎮めるための神社だ、という。奈良、平安時代には、歴代の天皇からの崇敬厚く栄えたとか。だが中世、秀吉の根来《ねごろ》攻めの兵火に遭い十七坊の広大な社殿は焼失した。一六五八年になって再興され現在にいたるという。

美具久留御魂神社・中央に下拝殿

本殿〈右〉と南木神社（左）

太平洋戦争時、近隣の学徒や民衆の参詣が多く、昭和一九年まで、「旭ヶ丘」という最寄りの駅があった。境内を歩いていて、日露戦争時の在郷軍人によって建立された記念碑や八紘一宇《はっこういちう》ときざまれた石碑に出合った。近代日本の戦争の影を見た思いだった。

神社は鬱蒼たる七千坪の広葉樹林の神奈備山《かんなびやま》の中にある。下拝殿では、朝鮮通信使の絵馬を拝観できる。江戸期の桜井村百姓十一名の寄進した、その心意気の感じられる素朴な絵馬だ。

神殿の奥の森に残る「涙垂《なみだ》れの梅」の伝承がゆかしい。美男であった神職正祐《まさすけ》は復興をかけて京に遊学中、都の女花笠と恋仲になった。河内に帰った正祐を追い恋焦がれ、受け入れられぬ恋情を悲観し女は命絶えた。その純情をいとおしみ葬った跡に植えた梅が涙たれるという。紀国《きのくに》の女は大蛇になって男を追いかけたが、京の女はつつましい。神社を訪れての帰途、粟《あわ》が池《いけ》の中にある「大楠公」というレストランにはいった。地元のおじさんたちがカラオケで歌っていたのは、演歌「涙垂《なみだ》れの梅」だった。平和な河内はいいもんだ、と思った。

千早赤阪の上水分《かみすいぶん》神社（建《たけ》みくまり神社）にたいしてこの神社を下水分《しもすいぶん》（下みくまり）神社という。

「美具久留御魂（みぐくるみたま）」神社とは、御神託の「水泳（みぐくる）御魂」からきていて、農業用水に必要な水をつかさどる龍神を祀る社のことという。神社の名称は、出雲から山河を泳ぎ渡ってきた大国主神・和爾神（龍神）のダイナミックなイメージを想像させる。神社の参詣路には今も最古の池だと伝えられる粟《あわ》が池が万古の水をたたえている。

宮司青谷家は正祐から延々と続いている家系だという。

先代の宮司さん青谷正佳《まさよし》氏と今の宮司さん青谷忠典《ただのり》氏にお会いし、貴重な話を伺えた。

道簱治衛《みちばたじえい》さんのこと

この書にたびたびお名前の登場する東條村の道簱治衛《じえい》さんのことを知りたくて中佐備の道簱家を訪問した。佐備川沿いの道路脇の古い石積の高台にあった。門を入ると伊勢参宮記念の石灯籠が目に付いた。文政七年（一八二四）と刻まれている。江戸時代、膳所藩の領地であった頃、藩に財政援助し―金貸しのこと―頼りにされていた大庄屋・山林地主であったと聞いていたわたしはいささか緊張気味。築二百年ほどの重厚な屋敷で、息子さんの道簱衛《まもる》さんと奥さんの智世子《ちよこ》さんは、気さくにお話しくださった。

治衛さんは、一八九九（明治三二）年生、二〇〇四（平成一六）年逝去、一〇四歳の大往生だった。地元の（旧制）富田林中学校卒業、大正八、九年ごろには、富田林高等女学校（現府立河南高校）の教員であった佐澤波弦《さざわはげん》の主宰する歌会で歌を詠んでいたという。富田林の明星派歌人の石上露子も同席していて、「細い金ぶちの眼鏡、うす物を召した時の楚々とした高貴な御姿」という露子の印象を、治衛さんは聞き取りした安富美子《やすふみこ》さんに語っている。文学青年で、早稲田の文科を志したが、長男ゆえにあきらめたそうである。晩年の作だが、短歌二首をあげておく。（安富美子さん宛て書簡より）

いつの間に座ってゐしか仏前にすべなき老ひの籠り居の午后
通えるはただ線香の香りとや安けくゐませうつしゑのごと
（著者注　亡妻の命日に詠まれた歌　うつしゑとは写真のこと）

治衛さんが東條村の村長だったのは一九三三（昭和八）年から一九四〇（昭和一五）年、記念写真から、精悍で活力にあふれた三〇代の相貌がうかがえる。温厚で柔和な衛氏との差異にちょっと面食らうわたし。

一九三七（昭和一二）年、政府は日中戦争遂行のための、挙国一致、尽忠報国、堅忍持久を目標とする国家精神総動員運動を開始した。「東條村議事之綴」によると、一九三八（昭和一三）年四月二五日の村会で、村長、村会を筆頭に村をあげて国に協力する「自治報告宣言」をしている。（『富田林市史三巻』による）

治衛さんの楠母会や楠母神社の活動は、村長として国策に忠実に添った行為であったのだ。敗戦後、衛さんには、楠母会や楠母神社についてなにも語らなかったという。戦意翼賛の只中にいた治衛さんは、なにをおもわれたのだろうか。

敗戦後、農地改革で道籏家では残された田畑を耕し、果樹園を経営していた。晩年は、富田林高校同窓会や滝谷不動明王寺の総代などの世話役をひきうけていた。ベレー帽をかぶりおしゃれな格好をして週二回、大阪市内にでかけ、本などを買っていたという。

楠母神社の今

二〇一九年九月、わたしが初めてここに来た時、眼前の風景におどろいた。歌碑の後方にフェンスでかこまれた一郭、狛狗《こまいぬ》ふたつばらばらにころがっている。夫人とおぼしき人型《ひとがた》は、中の鉄柱があらわに出ている。子どもらしき小さな人型ふたつ、台座はあちこちに。無残としか言いようのない光景だった。壊された神社の残骸があちこちに散らばっていたのを、二〇一五（平成二七）年頃、フェンスで囲って残されたようだ。

それでも見るに見かねた地元の人が、公園の管理にあたっていた市役所に要望した。

補修された楠母子像と狛犬

破壊された楠母神社の残骸

二〇二一年、富田林市・みどりの環境課が同年三月いっぱいかけて、放置してあったのを、元の姿に補修して神社跡地に設置したとのこと。楠公夫人は笠をかぶり、三人の少年を従えている。あうんの狛狗は愛国婦人会の奉献した台座に鎮座している。

東条村は、一九五六（昭和三一）年九月に富田林市に合併編入された。楠母神社跡地は、雑草の生い茂る山地だったのを、地元自治会「共栄町会」の方は、絶えず草木を刈り上げ、桜の幹を金網で巻き込みイノシシやシカの害獣から守り、花を植え、美しい公園にするための労力を惜しまなかった。

二〇二二年春、うららかに桜咲くこの日、軽トラックでのぼってきた一行に、話を聞いてみた。三〇代から七〇代の男性十数名おられた。

集落のはずれの楠公夫人生家のあたりに住んでいると思われるおじさんは、「聞いたことありまへんなあ」と。「南江《みなみえ》というたらしいけど、久子夫人の産湯の井戸もあったらしいけど」「そんな家、ありまへんわ」とそっけない。「そやけどここにあった若楠学園の子ォーと学校でいっしょでしたよ、」どうも地元の人にとっても楠母神社ははるかな〝夢の跡〟であるらしい。

花見にやってきた若いママに聞いてみよう。

坊やがチョウチョを追いかけている。
八〇年ほど前の戦争のときにね
母さんは子どもをぎょうさん産んでね。
男の子は、お国のため天皇のため徴兵され、
遠い中国や南の島で戦死してしまったの。
からっぽの白木の箱しかかえらなかったの。
ここにあった楠母神社の神さんの久子夫人のようにね。
なんて、いったら
そんなことといややわ、
と笑われた。

若いママはあらたな夫人の物語を創るだろう
楠母神社は幻のまま、〝夢の跡〟でいいのだ。

主な参考資料

『富田林市史　第三巻』平成一六年三月三一日
『とんだばやし　歴史散歩』祢酒太郎　昭和五一年
「楠氏遺跡里程標」を読む　玉城幸男　『河内長野市郷土研究会誌　五十三号』平成二三年
「富田林における楠公教育をめぐって」木村和世　大阪民衆史研究　第四五号　平成一一年
「明治期以降、河内、摂津における「楠公遺跡」の『発見』と『創造』」塚崎昌之　二〇二〇年
『楠木正成知られざる実像に迫る』生駒孝臣・尾谷雅比古著　批評社　二〇二一年
大阪朝日新聞　昭和一六年五月九日・昭和一四年二月一〇日（玉城幸男氏提供）
「楠木正成考」産経新聞・平成二九年三月二五日
『楠氏と松尾』鈴木潔　昭和一二年
『楠公夫人傳』織田完之　大正四年
『大楠公夫人教育講談』野口復堂　大正一三年
『楠公夫人―楠妣庵と加藤鎮之助翁―』角田貫次　昭和一一年
『総員玉砕せよ！』水木しげる　二〇〇七年　集英社
『東条小学校沿革誌』富田林市立東条小学校
『太平記』日本古典文学大系　岩波書店、一九六〇年
「15年戦争下の富田林」パネル原稿　富田林市役所総務課人権政策課　一九九九年
楠妣庵観音寺リーフレット
美具久留御魂神社略記
四條畷神社略記

第三部　李王妃方子《りおうひまさこ》と楠公夫人久子《なんこうふじんひさこ》

―南河内を訪れていた李王妃方子

李王妃方子《りおうひまさこ》の楠母神社の歌碑

今、楠母神社の跡地にどっかりと巨大な歌碑がある。すぐ傍らの楠母神社が壊されたのに歌碑は残った。歌を詠んだ李王妃という女人について探索してみよう。

（碑の上段）

李王妃殿下楠母會賜へる御歌

子をそたつ
へき
方子
国のため
ささけし　母の
まこころを
いまもつた
へて

（碑の下段）

皇紀二千六百年を
記念し府下女学校生徒
国民学校女児童は
楠母神社本殿を大日本
国防婦人會関西本部
管内會員は同拝殿を
寄進し奉り又茲に
名誉本部長
李王妃殿下の御歌を

歌碑（坂口隆彦氏撮影）

永への御訓へとして
　　　謹録す
昭和十六年五月十日
大日本国防婦人會
　　関西本部

「大阪朝日新聞」の報によると　昭和一六年五月一〇日、方子妃殿下はここに「ご参拝遊ばされ」楠母会の理事の河井やゑ子女史に請われて、この一首を後日送ったという。この日は楠母会がよびかけ、府下の高等女学校や高等小学校の女生徒や国防婦人会の会員を動員し「……十日から九日かけて一万人を動員して楠母神社を中心に大楠公夫人史跡参拝を挙行する」という壮大な祭典の初日だった。

この歌を読み解くのに苦労した。高貴な女人の教養たる変体仮名の解読、五句目から始まる分かち書きに気づかなかった。

国のため　ささげし母の　まごころを　いまもつたへて　子をそだつべき

五句目は「そだつかな」と、読むのではないかと困惑しつつ、解読に協力してくれた地元郷土史家の安富美子さんや、書道家の青柳栄子さんたち。後に「そだつべき」と木村和世の論文でわかった。わたしは唖然とした。「かな」と読み、「お国のために命を捧げる子をそだてましたわ、」というためらいがちな母の気持ちが伝わるなあ、と思っていたが、「そだつべき」となると、多くの母たちへの強制的な説教調になる。

歌を解釈してみよう。「楠母《なんぼ》神社に祭られている大楠公夫人久子は、後醍醐天皇のために命を捧げた夫の大楠公の遺志を継いで子どもたちを育て上げた。そんな久子夫人のまごころを見習って、今の世の母もお国のために命をささげる子を育てねばならないのですよ」という歌意であろう。

一九四一年五月一〇日の楠母神社の久子夫人を讃える式典は、甘南備の丘陵や谷を埋めた小学校や女学校の生徒の、その無垢な魂に働きかけ、おおくの軍国少女を生み出したのだろうか。情報が極度に制限され、戦場の実態も知らされない報道の自由のない時代だった。女たちは、お国や家に従順で、辛さに耐え忍んで生きるという道徳に沁みて育てられていた。

たいていの人たちは、大本営発表の勝ち戦《いくさ》を信じ、大東亜共栄圏、アジアの解放のための正義の戦争だと信じていた。疑問をはさみ、別行動をとることは許されなかった。非国民としてレッテルをはられた。街では隣組の監視、田舎では「村八分」が生きていた。

昭和一六年五月一〇日、この日の南河内の空は青く晴れわたり、初夏の樹々たちはみずみずしかった。鶯の声やホトトギスの美しい声も谷にひびいた。制服の女生徒や国防婦人会の割ぽう着姿の女たちに交じって、村の女たちも、うわさに聞いている李方子夫人をひとめ見ようと野良仕事をやすんで佐備川の渓谷沿いの狭苦しい空間につめかけていた。

黒いスーツにほっそりとした身をつつんだ美貌の李王妃に、日焼けした女たちのためいきはさざ波となってながれた。

楠妣庵に参詣した李方子

この日王妃李方子は楠妣庵にも来ている。楠妣庵観音寺は、楠母神社とは佐備川を挟んですぐ西の小高い山上にある。千早に通じる府道から東に細い山道の急坂を登らねばならなかったが、皇族や軍人たちの来訪が増え、寺門に続く階段下まで、自動車道が整備されていた。

階段下には、くだんの久子夫人の少年正行説諭の楠母子像がある。この日から六年前、昭和一〇年楠公六百年祭に竣工されたが、楠公夫人のきりりとした端正な顔立ちは、李王妃方子の目に鋭く射たのだろう。

李王妃は、もみじ若葉の緑うるわしくしたたる下の石段をスーツ姿で颯爽とのぼったのだろうか、靴音をたてて階段を登る王妃方子の心と楠公夫人久子の心情がひびき合っているようだ。

楠妣庵には夫の李垠（イウン）も、何度かきている。一年前の一九四〇（昭和一五）年一〇月八日、そして、一九四一（昭和一〇）年七月四日には、楠母神社で東條国民学校の生徒に「奉迎」されている（「東條小学校沿革誌」による）、おそらくこれらの時のことだろうが、語ってくれた人がいる。父が東條村の村長をされていた東條村の旧家道簱《みちばた》家の道簱衛《まもる》氏だ。父道簱治衛《じえい》の記憶を再現しよう　治衛はこの時、村長を辞任した直後のようだが。

楠妣庵に朝鮮の偉い人がきていました。お参りの時、御手水《ちょうず》で、手を清めます。朝鮮の偉い人（李垠《ウン》と思われる）が、手を差し伸べたが―彼は日本人として教育されていたが―届かなかった。神主がもっと前へお差出しください、といったのを、傍らの役人（軍人かも）が神主を叱りつける場面がありました。傍らでうやうやしく貴人を迎えていた村長や有力者たちもギョッ、としたことでした。父も気をつかったということでした。

この日はこんもりと青葉の茂る季節だったが、秋のあざやかな紅葉の楠妣庵は今も紅葉狩りの名所として大勢の人をあつめている。

楠妣庵は、楠公夫人久子が夫や子を弔い、ひっそりと十六年間隠棲《いんせい》したという伝承の土地だ。苔むした五輪塔に向かう方子の脳裏に去来した思いは、どのようなものか。気丈な妻、母として女たちの手本とされた心の裏に潜む真情に馳せたかもしれない。久子夫人と王妃方子、時代も環境もまるで異なるものの、愛する者の死をあらわに悼むことさえ忍び堪えねばならなかった悲しみを共有したのではないか、と思う。

甘南備には、近世に楠妣庵という観音堂があり、地元の旧家松尾家が管理していた。一八七三（明治六）年廃仏毀釈によって廃寺になり荒れはて畑となっていた。一九一五（大正四）年、この地を訪れた農政史家織田完之が、楠公夫人の一石五輪塔を、発見し墓碑としたといわれている。岐阜の実業家、加藤鎮之助《かとうちんのすけ》の経済的協力のもとに、一九一七（大正六）年五月一一日に、墳墓が整えられ、庵室、観音堂が建立された。竣工式には皇太子（のちの昭和天皇）が「行啓」している。一九二二（大正一一）年には楠氏の菩提寺として観音寺本堂が建立され、臨済宗妙心寺派の禅寺として今日にいたっている。

楠公夫人遺跡として、李王妃方子の訪問以前から、楠妣庵や観音寺にはおおくの皇族や軍人の参詣があった。寺の案内リーフレットなどをもとに皇族の名を列挙してみる。むろん東条英機をはじめ、名だたる軍人が来訪している。

秩父宮殿下　大正一一年五月二五日
久邇元帥宮殿下　昭和三年四月八日
久邇元帥宮妃殿下　同
東伏見宮妃殿下　昭和三年四月二八日
高松宮殿下　昭和七年一〇月一日
久邇宮殿下　昭和七年一一月一日
伏見宮博英王殿下　昭和九年八月七日
朝香宮正彦王殿下　昭和一〇年一月六日

久邇宮家彦王殿下　昭和一〇年四月二六日
李王垠殿下　昭和一五年一〇月八日
李王妃方子女王殿下　昭和一六年五月一〇日
李王世子李玖殿下　昭和一六年六月二二日

富田林高等女学校（現河南高校）や富田林中学校（現富田林高校）生徒の参詣

一九三一（昭和六）年、日本の関東軍が南満州鉄道の線路爆破をしたのを契機に、いわゆる満州事変勃発し、一九三七（昭和一二）年には盧溝橋での両軍の衝突があり日中戦争という非常時体制に入った。

そのころ、楠妣庵には婦女子の参詣、特に小学校、女学校をはじめ青年男女の団体が続々参詣した。皇族が率先して参詣されるのをありがたく思い、臣民（戦後は国民という名称に）は範としたのだろう。皇族の男子は軍人を兼ねていた。

皇族の参詣は、軍の指示があったのだろうが。明治になって、臣民には教育勅語などによって天皇家や皇族への尊崇が教育され求められた。軍部は人々の皇族への崇拝と絶対的権威を利用したのであろう。

楠母神社創設に率先的な働きをした地元の富田林高等女学校（現大阪府立河南高等学校）の記録を見る機会を得た。戦時体制にまるのみされた感がある。校内に楠公霊殿があり、礼拝の行事や遥拝式、昭和一五年前後には、出征兵士の富田林駅での見送りや千人針の集成、傷病兵への平癒祈願、武運長久祈願で神社仏閣によくでかけている。近場

富田林高女の楠公祭（『100年のあゆみ』）

富田林中学校の第六回楠公祭　明治42年
（富田林高校所蔵）

なせいか、喜志の美具久留御魂神社と滝谷不動尊参詣が特に多い。遠足は楠妣庵、観心寺、千早神社、金剛山など楠公ゆかりの地へ行く。昭和一八年になると防空壕掘り警戒警報発令への訓練。一九年になると電機製作所への学徒動員の労働奉仕、昭和二〇年には警報発令への対処、石川堤へ食糧増産作業と勉強どころではなかった。

一九〇一（明治三四）年、地元に大歓迎されて開校した富田林中学校（現大阪府立富田林高校）では創設の綱領から楠公精神が掲げられていた。

一九三七（昭和一二）新校舎完成の頃の校内をみよう。校舎は金剛山を仰ぎ見るように東西よりすこし南西にかしいでいる。正門を入って右手には奉安殿（天皇皇后の写真と教育勅語読本を安置）、昭和十年の楠公六百年祭を記念した楠公銅像、菊水文庫は日露戦勝を記念して創設され楠公顕彰の書籍を多く収納する図書館だ。学校行事として千早城での楠公祭、戦後も続いた南木《なぎ》神社折り返しのマラソン、枚挙にいとまがないほどだ。昭和一三年にはヒットラーユーゲントが来校し、すきやきパーテイでもてなしたそうな。同世代の青い目、白い肌の青年をどう感じたのだろうか。

李王妃方子の「つとめ」

何事もまこと一つに心してすすみゆかなむおのがつとめに

この歌は一九二〇年、結婚の日に詠まれた歌である。歌は私的な感情を詠むものだが、方子には、皇族梨本宮《なしもとのみや》家として出生、朝鮮の李王家に嫁いだという誇りある立場を意識した歌も多くみられる。結婚の日に、王妃（正確には韓国風に王世子妃）としてのわたしの「つとめ」を誠意を込め一生懸命果たしてゆきましょう、と「つとめ」に忠実に生きることを決意している。

楠母神社での歌も「つとめ」として詠まれた歌だと解釈される。皇后の名代として、陸海軍病院の慰問にでかけるのも「つとめ」であった。今ふうにいえば、公務というのであろう。

夫の赴任地が大阪にあったころ、大阪日赤病院での繃帯巻の訓練をしている写真がのこされている。茨木少年院慰問やら婦人団体の会合やら、「つとめ」に多忙であった。軍のお膳立てによる行動であったようだが、誠意をもって活発に活動している。

「つとめ」の義務的な歌ではなく、私的な抒情のうかがわれる歌を、方子の日記や自伝からいくつか挙げておこう。

　はからざりき波うちよする磯の家《や》にたちより給ふ
　　きみを見むとは

婚約時代、思いがけず、大磯の別荘に立ち寄ってくださったあなた、お会いできてうれしかったわ、と婚約者へのういういしい恋心をうたっている。

　つもりたるととせ（十年）のなやみ今日晴れて高き産声きくぞうれしき

次男玖（ク）を産んだ時のうれしさ、女は子を産んでこそ認められる、ましてや朝鮮

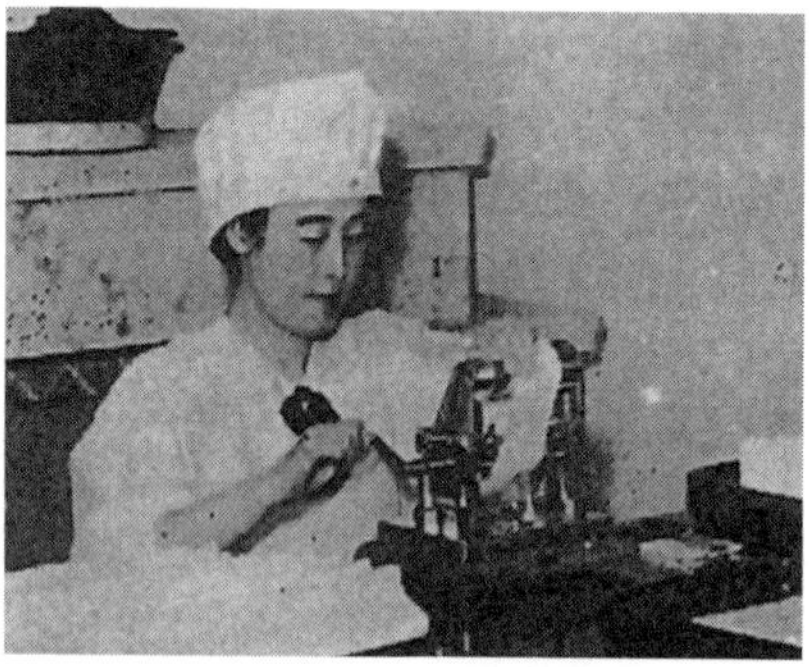

大阪日赤病院で繃帯巻する方子妃
（『英親王李垠伝』）

王朝の後継者である。悩み待ちのぞんでいた十年来の出産だった。

　　わか竹のまがるふしなく世の中のあらき風にもたえよとぞ思ふ

その次男が学習院初等科一年入学の時、荒き世にまけず、竹のようにまっすぐに強く生きてほしいという母の願いをうたっている。厳しい母であったそうな。

「つとめ」に従順な皇族だった方子は、楠母神社で、日本の母たちに息子を戦地に追いやる歌を詠んだ。そのことを、その当時の体制翼賛の風潮として、なんの疑問も痛みも感じなかったのだろうか。晩年に著した自伝『流れのままに』の一節に、わたしは李方子の真実の気持ちをよみとる。一九三九年、京城訪問の折のことだ。

「前年十月墓参のおりに立ち寄った志願者訓練所で、百余名の若人たちが、『海ゆかば水《み》漬《づ》く屍《かばね》、山ゆかば草むす屍……』と合唱しているのが、済まなく、たまらない気がして、目頭がうるんでくるのを、どうすることもできませんでした。志願兵とはいえ、押しつけられたものであることは、いうまでもないことです。」と。

ここでは、日本の戦争のために戦地に追いやられた朝鮮の志願兵への思いが綴られている。方子にはそんな想像力があったのだ。

大阪時代の方子妃と次男玖

一九四〇（昭和一五）年、夫の李王垠（ウン）は大阪師団長に就任し、一家三人は大阪、大手前の官舎に住まいした。次男玖（ク）は大阪偕行社付属小学校（軍人の子弟のために設立されたが、財界、法曹界など、当時の大阪の上流階級の子弟が通っていた学校）に通っていた。このころの方子のいきいきと活動する姿が写されている。大阪時代は合間に古都のハイキングや乗馬やゴルフを楽しむ親子三人の、平穏で最も幸福な家族の時代であった。

李玖は十一カ月大阪偕行社付属小学校に在学した

大阪師団長時代の李夫妻と玖
（『朝鮮王朝最後の皇太子妃』）

が、皇太子並みの待遇で登下校時は全校生が起立して送迎した。担任はお茶の毒見までしたという気遣いを『追手門学院八十年志』に記している。母方子については「参観日や母の会などで来校された母君の方子妃殿下の美しさは多くの方に強い印象を残しています」と師団長官舎の隣のM氏の記憶が『追手門学院校友会山桜会百年志』に載せられている。

陸軍幼年学校を訪問する李方子

一九四〇（昭和一五）年九月二二日、南河内の田野を開いて長野町大字木戸に再興陸軍幼年学校が開校した。地名は千代田と改められ、南海鉄道高野線「千代田駅」から校門に至るまで四六〇メートル、一〇メートルの幅広の道路が造られた。

当時は軍人が権力を持っていた時代、陸軍幼年学校はエリート軍人養成の学校だっ

偕行社小学校時代の玖の登下校送迎風景
（『追手門学院校友会山桜会百年志』）

た。中学校一、二年終了程度の一三歳以上の全国から志願した生徒の星の徽章つきの制服姿は、村人の憧れの的だったたという。この地が選ばれたのは、校庭から金剛山を仰ぎみることができたからだという。『太平記』によるが、千に足らずの少数の兵士をもって、八〇万の鎌倉北條軍を翻弄した、という千早城の戦いをしのび、楠公精神を軍人精神として涵養するためであった。

このわたしとて、朝夕金剛山を仰ぎ見て育ち、小学校の遠足は金剛山、という河内人だが、ここでも皇族方の参拝登山がされていた。金剛山頂には葛木神社、麓には昭和七年に再建された千早神社がある。千早神社には、楠正成・正行・久子が祀られている。

李王殿下は昭和一五年一〇月八日、奈良側から登り千早城址に下山、なかなかの健脚だ。昼食には吉野の鮎料理、金剛山の生水を飲み、衛生課の役人を困らせたそうな。

開校の日、「第四師団長、李殿下を迎えて落成式」と記録されている。一家は昭和一六年七月、宇都宮の第五十一師団長に転任になり東京に帰るまで、たびたび幼年学校を訪れている。いずれ子息の李玖王世子も軍人になる道が用意されているので、玖をつれて幼年学校の剣道練習を見学に来ている。道場の正面で熱心に試合を観戦する母子の姿が写真にのこされている。剣道の試合に出場したM氏は思い出を語る。

「妃殿下はシックな洋服をお召しになり、面金を通して私の眼にも御美しくも気高く拝されました」

幼年学校の記録では、昭和一六年五月二九日「李王妃殿下御台臨」とある。

同年六月一六日には、夫妻で南朝史跡の天野山金剛寺を訪れている。


敗戦後、広大な幼年学校跡地は国立病院になり、今は大阪南医療センターとして、地域の人たちの医療に貢献している。かつての駅からの広い道路はそのままである。

李王妃方子はこうして南河内の楠母神社、楠妣庵、陸軍幼年学校、金剛寺に足跡を残しているが、自伝や伝記には記載されていない。

植民地化される朝鮮・朝鮮王室と政略結婚

ところで多くの皇族方のなかで李王や李王妃などとお隣の朝鮮半島の王族がどうして登場してくるのか、説明がいるだろう。

方子は一八七〇（明治三）年に新たに立てられた皇族、梨本宮《なしもとのみや》家の第一王女であった。その家柄ゆえ皇太子妃（のちの昭和天皇）の有力候補であった。一九一六（大正五）年、突然朝鮮皇太子との婚約が新聞発表された。当事者方子には寝耳に水であった、という。梨本家では「一時はお断り申し上げたけれど」「お国のため」「日鮮融和の礎となるため」という役人や軍人に押され、泣いていた方子も「陛下の思し召しなんだから」と受けざるをえなかった。天皇の決定ははねのけることものがれることもできなかった。（方子母伊都子《いつこ》妃の日記より）

林真理子氏の推察

この間の事情について、つい最近林真理子氏が小説『李王家の縁談』に興味ある事情を推察している。

皇族の妃たるもの、娘の結婚につき、家柄と財産のつりあう男子をしらべるのが大切な仕事であった。方子の母伊都子は、娘が皇太子妃候補からおちたとき、ひどく落胆動揺した。しかし即新たにふさわしい娘の相手をさがしもとめた。そして日本にいる朝鮮の皇太子に白羽の矢をたてた。

伊都子にとって、政治的事情はどうあれ、「李垠は日本の皇族と同じ地位にいる。多額の歳費をうけとれるはずであった。それどころか李家は本国に広大な土地や建物、先祖伝来の財宝を所持している。」と、ひとえに良縁だとにらんだ。

そこで、内内に朝鮮総督寺内正毅に申し込み結婚を取り決めた、という。

この林真理子氏の推察は、大正五年七月二五日の伊都子の日記を根拠とする、という。表向きの結婚のいきさつは、自伝や伝記でくりかえし語られる。この推察は梨本宮伊都子妃の現実的打算的な行動にせまり、説得力がある。さもありなん、と思う。

日本に連れてこられた李朝皇太子　日朝の政略結婚

日清、日露の勝利の戦争後、日本は朝鮮での権益を手にいれ、実質的に植民地支配し、一九一〇（明治四三）年八月二九日には日韓併合条約を締結した。

〈韓国皇帝陛下ハ、韓国全部ニ関スル一切ノ統治権ヲ完全且つ永久ニ日本国皇帝陛下ニ譲与スル。〉と第一条にある。

こうして韓国は完全に日本に統治され、李皇太子は李世子に格下げされた。当時は大韓帝国と号し五百年の歴史をもつ李王朝があった。これに先立って一九〇七（明治四〇）年一二月一三日、第二十六代高宗（コジョン）皇帝の王子英親王垠（ウン）が、韓国総監で教育係であった伊藤博文によって日本に連行され留学させられた。数え年一一歳の留学は、朝鮮では「人質」として認識されていた。

李世子は日本人として教育される。日本の皇族と同じコース、学習院から陸軍中央幼年学校、陸軍士官学校、陸軍大学校に学び、日本軍人として教育された。実践・理論ともに優秀な人物で特に語学にすぐれていた。

伊藤博文と英親王
（『朝鮮王朝最後の皇太子妃』）

日本の皇族方子と大韓帝国皇太子（韓国風に世子）の結婚は、朝鮮における日本の勢力をつよく民衆に植えつけ朝鮮王座の最後の継承権を奪うことが日本側の意図であったとされる。まさに日朝融合のための国家レベルの政略結婚であった。

方子の自伝に述べられている。

「私たち李王家一族の自主性というものは、いついかなるときにも朝鮮総督府—つまり日本当局にゆだねられており、その総督府としては、王公族を極力日本に同化させるとともに、純粋な王家の血に日本人の血を混ぜることを、統治の要《かなめ》としているのでした。」

日朝の政略結婚はその後も画策された。（日韓併合後、国名は朝鮮となる。）

一九三一（昭和六）年、垠の妹徳恵姫（トックエ）は対馬の宗武志伯爵と、李垠の異母兄・李堈の長男李鍵（イコン）公は方子の母方の姪松平（広橋）誠子と結婚させられた。

朝鮮王公族略系図

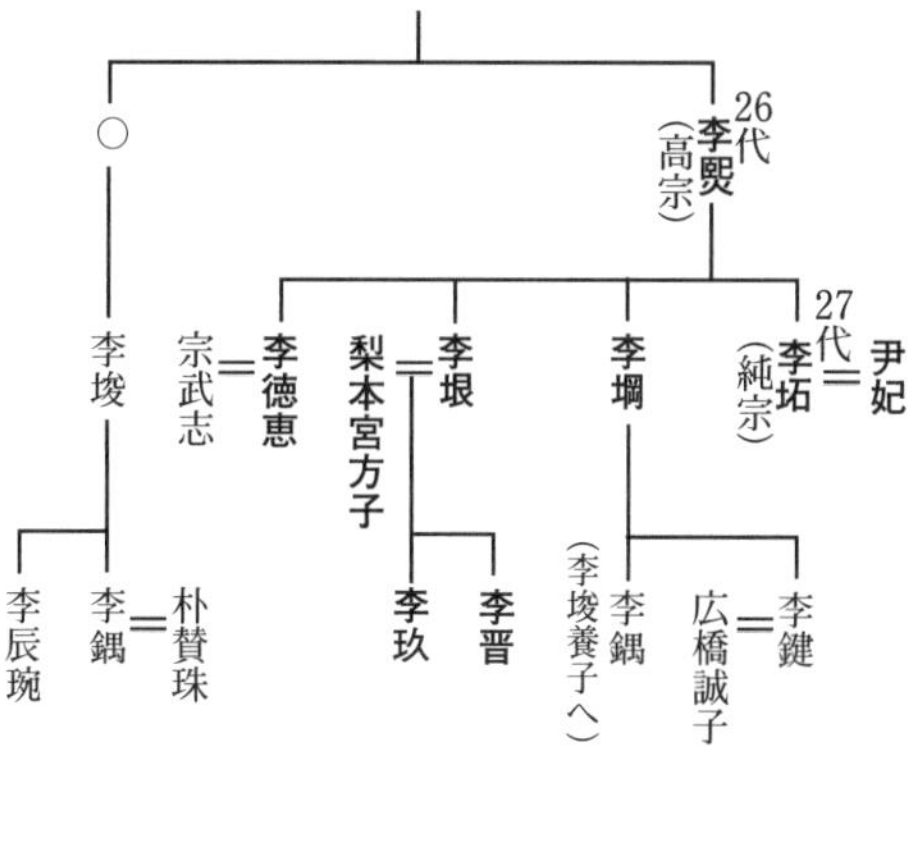

徳恵姫の生涯について、最近多胡吉郎氏の緻密な文献をもとに書かれたすぐれた著作『空の神さまけむいので―ラスト・プリンセス徳恵翁主（トッケオンジュ）の真実』がある。すぐれた童謡詩を作った利発で感受性豊かな小学校時代が明らかにされた。快活な少女も、腹違いの兄李垠と同じく十歳の時、日本に連れ出され、次第に無口な内省的な少女に変貌する。必死に生きようとする女子学習院時代、次第に精神のバランスを失うが、宗武志伯爵と結婚させられる。夫宗武志もまた妻への愛に悩み苦しむ。妻徳恵への思いは詩集『海峡』に書き残している。徳恵は結婚後、精神科に入院した。一九五五年、五〇歳になってみずからを認知できない状態で、韓国に帰国している。なんとも痛ましい人生だ。

徳恵（韓国学中央研究院蔵書閣『空の神様けむいので』）

この二カップルは離縁している。

政略結婚に抵抗し同国人と結婚したのは、垠の甥にあたる李鍝(イウ)であった。しかし、日本軍人として広島で原爆死している。

政略結婚であったが、十五歳の方子は驚愕と困惑を押さえ、きっぱりとうけいれている。不運を暗くひきずるのでなく、潔く決断し明るくふるまう強さを持っていた女性のようだ。婚約発表後の二学期の女子学習院登校日には、髪を朝鮮風に結いあげて級友を驚かせている。

方子の多難な結婚生活

一九一八年、日本の支配に批判的で、暗殺疑惑のあった李太主（高宗）の急死、一九一九年の朝鮮独立万歳〈マンセー〉の叫びは、全土に広がり、3・1独立の抵抗運動は激しかった。そのため、結婚は延期されたが、一九二〇（大正九）年四月二八日に挙行された。

『朝鮮王朝最後の皇太子』　徳寿宮内での覲見の儀（左より徳恵姫、方子妃、尹王妃、純宗皇帝、李王世子、侍従に抱かれた晋殿下、1922 年 4 月 28 日）

白絹地に豪華に刺繍されたドレスは英国風の礼服だが、瓜実顔の古典的美女というべき花嫁の、結婚式の写真はのこされている。当日、方子の乗る二頭立ての馬車に爆弾をなげつけた朝鮮の青年がいた、また梨本家の塀には国賊と落書きされていた、という祝賀の日の難事は方子には知らされなかったようだが、二人の前途多難さを予想される出来事だった。

政略結婚とはいえ夫垠とは仲睦まじかった。垠は「背は低いほうだったが、がっしりした広い肩が男らしく、温厚で教養の深い方であった。あたたかい心の持ち主であった」と、方子は述べている。方子は国難の中を生きてきた複雑な立場にある夫に寄り添い理解しようとする聡明な伴侶であった。時に朝鮮のチマ・チョゴリを身に着け、ハングルを学んで夫を喜ばせていたという。

毒殺された長男晋

方子妃は二人の男児を出産している。
思い出しても方子の胸が痛む。

長男晋（チン）の死のこと。結婚一年後、一九二一（大正一〇）年、生後八カ月、夫垠と晴れて朝鮮に帰国した折、元気に付き添いの女官に愛嬌ふりまいていた晋が、突然死んだ、急性消化不良と診断されたが、殺りく陰謀説が飛び交いその死は謎であった。

日本皇族の血をうけて出生した朝鮮王朝の後継者であった晋は、血を重んずる朝鮮の人々には、みとめられない存在であったから、あるいは日本の支配下にあった朝鮮王朝の後継者など抹殺すべき、とされたから、か。晋は黒い政治的陰謀の犠牲者であった、と母である方子にはわかっていた。方子は歌う、母の悲しみを。

よみじにてまた会う日までわが胸にはなれざらなむ吾子のおもかげ

あの世でまた会う日まで、わたしの胸に離れることはないでしょう、かわいいわたしの子のおもかげは。

関東大震災

一九二三（大正一二）年、東京を襲った関東大震災、震災の混乱の中で朝鮮人暴動の流言が朝鮮人虐殺を生み、垠と方子は心を痛めた。飛びかう「鮮人」「不逞鮮人」などというコトバに。朝鮮は古代日本の文明先進国としての歴史をもつが、明治以後、脱亜《だつあ》入欧《にゅうおう》などの西欧文明優先の風潮、日清日露の勝ち戦で、日本人のアジア人蔑視、特に朝鮮人への差別と偏見は著しかった。

翌一九二四年には慶事、皇太子裕仁親王と良子女王との結婚があった。梨本方子女王の時代、皇太子妃の有力な候補者であった方子なのだが。

赤坂プリンスホテル旧館

李家の邸は、もともと鳥居坂にあったが、一九三〇年、千代田区麹町紀尾井町の元北白川宮邸の二万坪の跡地に、宮内庁によってイギリス風の美しい新邸が建てられた。

二〇二一年一〇月末日、わたしはこの地を訪れた。石上露子の恋人長田正平の旧居跡をたどって、赤坂一等地を散策していた。疲れたわたしは瀟洒な喫茶店にたちよった。そこが旧赤坂プリンスホテル旧館だということを知った。周りはイギリス風のとりどりのバラの庭園である。「一九三〇年建立ですよ、朝鮮王の家ですよ」と誇らしくガイドする女店員、円形の応接間らしきロビー、階上への色鮮やかなステンドグラス、かわいいお城のようだった。ジュースで喉をうるおしたわたし、日曜の午後を楽しむ若い娘たちでいっぱいだった。

李方子は、嵐ふく激動の時代、この一点のエア・ポケットの中で、次男を産みおだやかな家庭を営んだのだ。義妹徳恵もここで同居している。

敗戦後の李方子

一九四五（昭和二〇）年八月一五日、敗戦後、ほとんどの皇族、華族、朝鮮の王族もその身分を失い、王世子殿下、王妃は李垠、李方子となった。植民地朝鮮は解放されたが、李夫妻は日本国国籍を失い、韓国籍も取得できず、長く無国籍の歳月を送る状態だった。生活のため、二万坪もの李王邸は売却され、普通の市民の生活になった。働くことも、買い物する

赤坂プリンスホテル旧館

ことも、電車に乗ることにもとまどうお殿様、お妃様だった。唯一の希望は、息子李玖がアメリカ留学しマサチューセッツ工科大学を卒業し、たくましく頼りがいある青年に成長していることだった

帰国する李夫妻

一九五八（昭和三三）年、息子と会うためにニューヨーク滞在中の垠は脳血栓に倒れた。方子の奔走、多くの友人たち、当時の韓国の朴大統領の協力で、一九八九（平成元）年、李夫妻は、垠は病臥のままだったが、やっと帰国できた。翌年夫垠は逝去、李朝の墳墓金谷陵に埋葬された。碑には「大韓愍《びんみん》民皇太子英園」とある。連れて来られた日本では王とされているが、韓国では、最後の皇帝純宗（スンジョン）の皇太子英親王であったわけだ。したがって方子も日本では王妃と記録されているが、皇太子妃ということになる。ちなみに金谷陵に葬られた方子の碑は「愍民皇太子妃」とある。「愍民」とはイバラの道を歩んだ人のこと、だという。二人の人生はまさにイバラの道だった。

日本の植民地政策の生みだした結婚であり、人生であった。時代の犠牲者として、韓国は葬礼している。

いばらの道、政略結婚の犠牲者であったのだが、写真に残るいかなる場面でも、凛とした表情、ひな壇にましますます美しい女雛だ。そんな彼女がインタビューで語っている。時代の犠牲者を快活に受け止める女の物語を。

「過去は二度と帰ってこない。ですから愚痴を言う暇に先の事を考えて、毎日を自分を制しながら一歩一歩明るく努力して続けていくということね、それをモットーにして生きて参りました」（渡辺みどり『日韓皇室秘話　李方子』）

韓国の人となる方子

方子六二歳、韓国に帰国してから、ソウルの李王朝の離宮昌徳宮の東南の角、楽善斎に住みささやかな暮しぶりだったという。日韓交渉をめぐって、激しい反日の嵐が吹き荒れていた。日本からやってきた方子への風あたりはつよかった。

夫の死後、方子の活動は目をみはるものがある。趣味の七宝焼きや書や絵でバザー、寄付集めの金策に奔走している。韓国政府からは生活資金は下りていたが、福祉事業の費用は、皆無であった。方子は七宝焼きや書道の作品を売り、日本や西欧でファッションショーなどをして、資金を調達した。障害を持つ恵まれない子供たちのための施設、明暉園（ミョンフィウォン―夫垠の雅号）や慈恵学校（チヤヘハッキョ）を創設し、夫の遺志を継ぐ慈善事業、福祉事業に、持ち前の社交性や行動力を発揮した。施設の障害をもつ子どもには、自立して生き抜くための洋裁や手芸、機械工作などの技術教育をした。始めは皮相な目でみていた韓国の人たちにも、後には温かくうけいれられ評価された。韓国に溶け込もうと、韓国帰朝後、一度も日本の和服を着なかったという。李方子（イバンジャ）となったのである。

方子の数奇な人生は、日本人の幾人かの人によって伝記小説が残されている。

李方子の住む楽善斎（『歳月よ　王朝よ』）

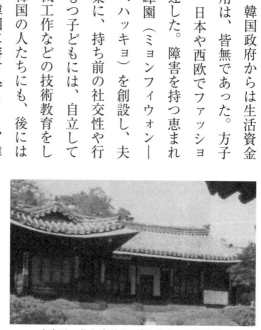

二〇二一年秋、わたしは、「ザ・ラストクィーン」―朝鮮王朝最後の皇太子妃―というオペラの舞台を見た。在日二世のオペラ歌手田月仙（チョン・ウォルソン）によって激動の時代を生きた李方子が演じられていた。情感あふれるソプラノの華麗で哀切な響き、方子の愛らしさ聡明さ、意志のたくましさが舞台から伝わってきた。ラストシーンのコトバを紹介したい。日韓関係の現状にかたりかけるコトバだ。

私の大切な　ふたつの祖国
私が生まれ育った国　私に愛をさずけた国
ふたつの愛するふるさとをつなぐ　海峡の空に
爽やかな虹が　架かる日を

方子は語る。帰国後の四半世紀、その活動は夫垠の「貧しい不幸な子のために生涯を捧げたい」という遺志の実践であった。もうひとつは日本人としての韓国への「償い」であった、という。「韓国人ではあっても、日本の血を受けている私には、私なりに、心の中にもっている償いを、少しずつでも果たさねばならないと思っていました。一国民として、社会の一員として生きながら、韓国の社会が少しでもあかるく、一人でも不幸なひとが救われるように祈りながら、小さい石をひとつずつ積むように、ささやかではあっても力をつくしてきたい……。それが、帰国を前にしての、私の悲願でした。」（『流れのままに』李方子自伝）

「日本は統治によって韓国をほろぼした。わたしは韓国にとって罪人である」とも語っている。

この自伝『流れのままに』は一九五五年方子が韓国に永住を決意して帰国した時点で書かれている。

日本にいたころは、王妃としての「つとめ」に励み戦意高揚のための公務に忠実であった。その方子が、侵略された側の立場に立ち、公平な視点にめざめたのであろうか、あるいは、

七宝焼き絵付けをする方子
（『朝鮮王朝最後の皇太子妃』）

韓国の世情に配慮したのであろうか。

一九八九（平成元）年四月三〇日、方子は八七歳の生涯を閉じた。日本の皇族として生まれ、朝鮮王朝最後の皇太子妃となり、ついには「韓国の母」と呼ばれるようになった李方子、その葬儀は準国葬として一千人の従者を伴った李王朝風の伝統で行われ、沿道には数万の見送る人々の姿があった。韓国の新聞は「自らの不幸な人生を社会活動への献身で美しい人生に変えた」と報じた。

歌碑の償い

李方子は伝説の楠公夫人久子ではなかった。河内野に、子を産み軍人として天皇のために死ぬる子に育てるべきだと歌った歌碑を残した李方子。子を戦地に追いやった母たちへの方子妃の「償い」の碑なのだ。

主な参考資料

『日韓皇室秘話　李方子妃』渡辺みどり　讀賣新聞社　一九九八年
『朝鮮王朝最後の皇太子妃』本田節子　文藝春秋　一九八八年
『英親王李垠伝』編集責任者　岡崎清　共栄書房　二〇〇一年
『楠公夫人―楠妣庵と加藤鎮之助』角田貫次　昭和一一年
『富田林市史　第三巻』平成一六年
『大阪春秋』令和二年　夏号
楠妣庵観音寺リーフレット
『大陸軍幼年学校史』「大阪」阪幼会　一九七五年
『追手門学院校友会山桜会百年志』
『富田林高校百年史』大阪府立富田林高等学校　平成一四年
『100年の歩み　創立百周年記念誌』大阪府立河南高校　二〇一二年
『流れのままに』李方子　啓佑社　昭和五九年
『歳月よ王朝よ』最後の朝鮮王妃自伝　李方子　三省堂　一九八七年
『空の神さまけむいので　ラスト・プリンセス徳恵翁主《トッケオンジュ》の真実』多胡吉郎　二〇二一年
『李王家の縁談』林真理子　中央公論新社　二〇二一年
『金剛山記』葛木神社、昭和六三年
『太平記』日本古典文学大系　岩波書店　一九六〇年

オペラ「ザ・ラストクィーン」のパンフレット　二〇二一年
NHK特集ドキュメンタリー　李方子　韓国の母になった日本人
「冨田林における楠公教育をめぐって」木村和世　大阪民衆史研究
『山川日本史』山川出版社　二〇〇九年

あとがき

ひょんなことから、次々と九十年ほどもむかしのことが現れた。
この地、大阪は南河内の山のなかで、戦争孤児たちが養育されていた。
この地に、神殿が造られ、参戦の熱気に高揚していた人々があった。
この地に、朝鮮皇太子妃がやってきて人々と熱気をともにした。
それぞれの物語を三部したてにした。
かさなりあっている記述は読みづらいでしょうが、お許し願いたい。
三つのおはなしは、この地だけの特異な現象ではない。
この国のいたるところにあったおはなしである。
そしてこれらの記憶は、いま二〇二三年に続いているおはなしなのだ。
石川は流れ、南河内を囲む金剛葛城の山並は美しい。

わたしたちの生活と歴史も美しくあってほしい。

たくさんの郷土の人々の証言にささえられてできあがった書です。

聞き取りにご協力の方々、現地調査などにご指導いただいた玉城幸男氏に、深謝いたします。

表紙装丁の宮本直樹住職、ウインかもがわの斉藤治様には注文多くおせわおかけしました。

二〇二三年五月一〇日

奥村 和子

著者　奥村和子（おくむら・かずこ）

1943年大阪府富田林市生まれ
富田林高校・大阪女子大学国文科卒業
2003年まで大阪府立高校教員
「日本現代詩人会」・「石上露子を語る会」会員
「大阪産経学園」・文化サークル講師

詩集『渡来人の里』『食卓の風景』
　　『めぐりあひてみし　源氏物語の女たち』他
評伝『中谷善次　ある明星派歌人の歌と生涯』
　　『恋して歌ひてあらがひて　わたくし語り石上露子』
評論『みはてぬ夢のさめがたく　新資料でたどる石上露子』（共著）他

現住所　〒584-0001　大阪府富田林市梅の里1-15-4

若楠学園・楠母神社・李王妃方子
［南河内歴史探訪］

2023年5月10日　初版第1刷発行

著　者　奥村和子

発行者　竹村正治
発行所　株式会社ウインかもがわ
〒602-8119
京都市上京区出水通堀川西入亀屋町321
TEL 075（432）3455
FAX 075（432）2869
発売元　株式会社かもがわ出版
〒602-8119
京都市上京区出水通堀川西入亀屋町321
TEL 075（432）2868
FAX 075（432）2869
印刷所　シナノ書籍印刷株式会社

ISBN978-4-909880-45-1　C0023